欲望资本主义

当规则将要改变时

欲 望 の 資 本 主 義

〔日〕丸山俊一　日本NHK"欲望资本主义"制作组◎著

袁志海　范婧◎译

浙江人民出版社

前　言

对话行业领军，展开多元视角

次贷危机、雷曼事件、欧元危机、占领华尔街、负利率、经济衰退……从 2000 年至今的 20 年间，世界经济发生重大变化，令许多经济学家都手足无措。随着各种重大经济问题背后的真相渐趋明朗，人们对全球经济体系的信任度越来越低。只要稍微关注一下媒体和书店，人们便会发现到处充斥着谴责全球资本主义与市场原理主义的言论及书籍。

本书源于日本 NHK 纪录片《欲望资本主义——当规则将要改变时》。拍摄本纪录片的目的是为解决人们的疑虑与不安，并尽可能给出这些令人疑虑与不安问题的答案。我担任了纪录片的导演。在纪录片中，我们不像教科书那样只把主流经济学派的理论作为所谓的"正确答案"灌输给大家，而是尽可能多地介绍各式各样的思想与观点，让大家"按图索骥"，自己开动脑筋去寻找适合自己的"正确答案"。正是出于这些原因，我们与行业领军人物对话时，往往会在紧扣"欲望"这一焦点的同时，尽可能尝试从更广阔的视角展开探讨。当然，这种尝试到底能取得多大程度的成功，最终还是仁者见仁，智者见智。

其实，希望了解各种经济学流派不同看法与思想的，绝不限于普罗大众，经济学家也对其他经济学派的看法和思想很感兴趣。当人们认为传统经济理论已经无法解释当今全球经济状况时，我们是不是应该把目光移向曾经被我们当作"异端邪说"的经济理论，然后取精用宏，汲取多元化的思维呢？

坦率来说，我承担节目导演正是出于这样的心声。我也希望自己，在理解主流学派思想与立场的基础上，通过与行业领军人物对话，尽情吸收不同于主流学派的诸多理论。虽然有自夸之嫌，但我还是想把自己这么想的缘由，给大家详细梳理并说明一下。

首先，我觉得可以思考一下主流经济学，即新古典派经济学对宏观经济政策以及经济发展形势预测是否正确。特别是在系统解释当前宏观经济现象，归纳经济制度与经济全球化的优点、缺点及其发展等方面，主流经济理论是否与现实契合呢？我个人的看法是：仅有部分基本反映了事实。当然，主流经济学虽能基本如实反映现实中的经济状况，但仍有大量细节问题需要调整。譬如，将金融部门和资产市场等以前在经济模型中曾经可有可无的变量加入进来，并充分考虑其与实体经济的相互作用而展开分析。这一新研究方向和分析方式的开创者是美国普林斯顿大学教授、日籍经济学家清泷信宏先生，近年来其获得诺贝尔经济学奖的呼声极高。

但是，主流经济学的精细化调整，是否真的让我们更容易理解现在的宏观经济呢？对此，我个人是持怀疑态度的。这是因为，今天主流经济学的研究方向，或许只是为了修补已经千疮百孔的旧经济学理论而已。至少，我开始感受到，一场经济学革命正在步步逼近。为了更清楚说明这一点，我想可以用天文学发展史来进行一下对比。

在人们普遍相信地心说的年代，每当观察到解释不了的不规则行星运行时，就会产生各种改良版本。然而，众所周知的是，当日心说这一崭新理论出现后，各种改良版地心说便都销声匿迹了。

尝试修补旧理论的漏洞，乍看上去让旧理论更正确地符合实际，实际上，它不仅不能让人们正视旧理论的错误，而且还会让人们在旧理论中越陷越深。我用这个天文学公案做例子，就是要说，与改良地心说一样的事情，搞不好也会在经济学中发生。

至少，我们现在还不能斩钉截铁地保证说不会发生什么。因为在经济学研究中，为了得出与现实的经济现象相一致的结果，经济学家们也经常会修修补补：补充理论上的假设、修改经济模型中的参数等。

话虽如此，但我们也心知肚明，能够取代新古典派经济学同时还要完美地解答各种经济学问题的伟大理论在现实中并不存在。也就是说，我们找不到像日心说取代地心说那样的系统理论框架。虽然主流的、传统的经济理论已经陷入困境，但我们还没有找到一种新的理论来取代它。而且，在经济学当中，是不是存在像日心说那样划时代的认知体系，这本身也是个未知数。

新古典派经济学的理论大体正确，只需做些精细化调整，也就是说主流经济学派的理论依然是正确的。这听起来就很不负责任。但话又说回来了，也许压根儿我们就不清楚到底什么是经济学。

基于以上分析，我们或许可以说，经济学也同世界经济一样，时刻具有不确定性。而能将不确定性明朗化的方法，恰恰就是同新古典派经济学外的各种其他经济学理论研究者的对话。

与不平等现象进行不懈斗争的知识界巨子斯蒂格利茨，有着不寻常背景的非正统经济学家赛德拉切克，相信科技潜力的风险投资家斯坦福德——本书收录了我与以上三位巨匠的访谈，无疑这就是我所想要的对话。想必在阅读本书后，读者朋友们也一定能够从他们的言语中受到莫大的启迪。如果大家能以此为开端，思考并研究当今的经济学难题，我将不胜荣幸。最后，就我个人而言，在与行业领军人物对话后，我得到更多激励与启发，希望有朝一日能构建出新的、适合当今社会发展情况的理论。

欢迎各位来到"欲望资本主义"的世界！

日本大阪大学大学院经济学研究科副教授

安田洋祐

目 录

第 一 章

亚当·斯密搞错了！

约瑟夫·E. 斯蒂格利茨
（Joseph E. Stiglitz）
美国哥伦比亚大学教授
2001 年获诺贝尔经济学奖
曾任美国总统经济顾问委员会主席

约瑟夫·E.斯蒂格利茨与安田洋祐对话

此时此刻，站在全球经济理论研究最前沿的学者、实业家、投资家……一定正在关注全球经济市场走向，不停地思考今天和明天的市场走向。在此，我想向他们斗胆提出一个问题：什么是资本主义？是的，动辄被眼前的现实、明天或者下个月的市场预测这种短期目标弄得精疲力竭的人们，应当停下脚步思考思考了。另外，我也希望他们能审视一下自我，不考虑个人得失地告诉我，他们对"利息到底是什么""利润的本质是什么"这些基本概念的思考。这也是我本次对话的两个重点。

第一个接受我提问的，是2001年诺贝尔经济学奖得主，堪称当代"经济学先生"的约瑟夫·E.斯蒂格利茨。正是他写出了让全世界有志于经济学的人们爱不释手的教科书《经济学》。而且，他的这本书也是我学生时代最喜欢的教材。但当他告诉我"亚当·斯密搞错了"之时，着实令我感到震惊。

竟然有人否定无人不知、无人不晓的古典经济学之父亚当·斯密，真是太有意思了！要知道，斯密先生可是经济学泰斗，正是他创立了经济学课程里必须学习的需求曲线、供给曲线、一价定律等基础理论。当然，斯蒂格利茨不是哗众取宠，他也是以市场"非对称信息"斩获诺贝尔经济学奖，并长年致力于从信息角度探究市场不完全性的学者呢！他说出上面那句话的用意，当然是想表示对那些动辄在讨论现代经济问题时便引入亚当·斯密思想进行解释的质疑，而不是要彻底否定亚当·斯密的思想。但我还是清楚地听到了"错误"这个词。那一刻，我真正感受到这个节目效果就是我想得到的。

经济学家们为了将经济学变为一门专业学科，不仅承继了物理学的逻辑结构规范，还不断细分其领域，在不知不觉中朝着数学般精密的方向发展。这时有人突然发问：对传统经济学体系进行完善的同时，大家是否找出贫富差距问题的解决办法了呢？在各位经济学家致力于建设完美的经济学大厦之时，法国经济学家、《21世纪资本论》的作者皮凯蒂的这句话无异于给经济学家们泼了一盆冷水。

那么，请斯蒂格利茨先生将他的所思所虑告诉我们，正是本次访谈最关键的出发点。

"经济学先生"斯蒂格利茨，否定了古典经济学之父亚当·斯密，他的依据是什么？我们能从他的话语中读取到什么信息，获得什么思考？对于没有经历过资本主义大工业时代那种高效增长的我们来说，属于我们这个时代的增长又应该是怎样的呢？

我们的访谈由此拉开序幕。

1. 通过经济政策转换，可以实现稳定增长

安田洋祐（以下简称"安田"）：首先，我想就经济增长放缓问题请教老师。现在，很多国家都为经济增长速度缓慢而苦恼，您认为世界经济今后也会维持这种缓慢增长吗？有没有可能，经济原本就应该这样缓慢增长呢？

斯蒂格利茨：在回答这个问题之前，我觉得应当先分析一下经济增长放缓的原因。今天，社会总需求不足以令世界经济增速放缓，而造成这一现状的原因有以下几个方面。

首先是中国经济的减速。当今中国经济已从"量的经济"转变为"质的经济"（从外延式发展向内涵式发展），而世界经济并未接受中国的这一转变。

其次是欧元区存在着诸多问题。我认为其中最重要的就是欧盟货币的统一阻碍了欧元区经济的进一步增长。

再次是一些其他的根本性因素。财富正在从贫困阶层迅速聚集到富裕阶层。与花费大部分收入用于消费的贫困阶层相比，富裕阶层消费占其收入的比例正在逐步降低。

同时，富裕阶层还在不断攫取贫困阶层的财富，用于消费的支出进一步减少，从而造成社会总需求不足。这便是现在的状况。

最后就是不平等扩大化。不平等扩大化的主要原因，我认为是很多国家在应对技术变化和全球化的结构转换时进行产业转型引起的。今天，中国、美国和欧洲诸国都在实现从制造业向服务业的产业转型。

然而，这些巨大变化并非市场力量独自运作的结果，也存在着政治因素的影响。在许多国家，受自由放任经济观点的影响，普遍实施紧缩性财政政策，便很能说明问题。欧洲各国、美国和日本，往往在经济滑坡需要政府干预的时候，出于其政治立场而主张削减财政支出。这是错误的经济政策。

要对财富分配不平等进行矫正、社会基础设施进行完善、经济结构进行转型，甚至还有不断维持技术创新，都离不开政府的财政支出。无论是从宏观角度还是微观角度，政府都应该加大财政支出，可逐利的资本主义意识形态偏偏喜欢阻碍这样的政策施行。这些不利因素巧妙地结合到一起，便造成了社会总需求的不足。

所以，我对于第一个问题的答案，是认为可以避免像现在这样的缓慢增长。这是我想要强调的一点。如果以美国和欧洲诸国为首的资本主义国家都能将经济政策由紧缩财政政策转换为恰当的财政援助的话，稳定的经济增长一定可以实现。缓慢增长并非必然，而是经济与政治相互作用的结果。

安田：您的意思是为了改变经济增长缓慢问题，政府的政策选择很重要吗？

斯蒂格利茨：是的。要想再次实现第二次世界大战后的那种高速增长，政府就必须转换经济政策。

首先，增加对技术、基础设施、教育的投资，促进经济结构转型，努力减少收入分配不平等。当然，不同的国家会有不同的政策。

其次，需要世界范围的巨大投资。比如，2015 年底在巴黎召开了世界气候大会，全世界各国就将全球范围的气温上升控制在 2 摄氏度以下达成了共识。而要让这一共识付诸实施，是需要大量投资的。经济上的对策、向新能源的转型、城市结构的转变等，都会产生巨大的投资需求。

非常讽刺的是，美国拥有大量的资产——国民的个人储蓄总额高达数万亿美元——却从未得到过充分利用。关于这点，美国联邦储备委员会（FRB）前主席本·伯南克也在储备过剩论中提到过。政府进行财政管控问题不是储蓄不足，而是主张一切交由市场的自由放任经济观点造成。这些问题中的大多数原本是由市场自身滋生出来的，仅仅依靠市场，显然无法解决。

安田：您支持英国工党和美国的民主党，也是因为它们愿意用政府手段加快经济增长吗？

斯蒂格利茨：为了使世界经济摆脱低迷状态，让大家共享和平与繁荣，我坚信需要有与现在不同的经济政策。这样的经济政策如果能在一个国家取得成功，那它在其他国家取得成功的可能性也会非常高。

2. 增长是好是坏？

安田：从您前面的回答中，我理解到对于"世界经济是否还会持续缓慢增长"这个问题，您的回答是"不会"。也就是说，您认为包括日本在内，现在全球范围的经济状况低迷并不会持续下去。那接下来，我想进入第二个问题。您认为经济本就应该一直增长下去吗？另外，关于经济增长本身，对社会发展到底是好还是坏呢，我想听听您的看法。还有，您认为经济负增长，资本主义制度还能延续吗？

斯蒂格利茨：在讨论经济增长前，我们有必要搞清"增长"的定义才行。否则，讨论就没有意义。

我担任委员的"经济表现和社会进步衡量委员会"（Commission on the Measurement of Economic Performance and Social Progress）的主要主张之一，便是 GDP 并不是一个适用于测量经济效益的指标。因为 GDP 中存在很多问题，比如没有考虑到环境的恶化、资源的枯竭、财富的分配方式以及发展的可持续性等。

大家现在都已清楚，无节制、无极限地消费天然资源，大量排放二氧化碳，这种物质至上主义的经济是没有可持续性的。但是，我认为应当在少损耗或不损耗环境和资源的前提下谈经济的持续增长。比如，服务业对环境的不利影响要小得多，它不像汽车产业和其他制造业那样去大肆破坏环境。

另外，我还想强调一点，在欧美国家和日本这种大经济体中要求获得基本生活水准的我们，绝不应该忘记世界上有相当多的人还远没有达到我们所制定的基本生活水准。为了提高他们的生活水准，经济增长一定是必要的前提。因此为了实现社会公平，增长是绝对必要的。

有人曾问我，如果个人收入没有大幅增加的可能，国家是否还能保持强劲而充满活力的经济增长，我回答是的。因为经济增长本身并不来源于个人收入。如果一个人没有个人收入，他立刻会产生创新思维，进而用新的思维去迎接挑战，自己创造出新的个人收入。因此，社会经济增长一定会一直持续下去。

当然，我们也能看到，现在资本主义国家的市场经济政策已完全扭曲了。对银行的救济、把损失转嫁给社会、利益私有化，这些都不是真正的资本主义。在很多国家，汽车制造商和电力公司对环境污染都不需承担治理费用，这种状态绝不能说是市场经济。因为治理污染需要一定成本，企业如果不负担这项成本，那就相当于企业从政府这里领补贴。

在这个意义上，我们可以说世界上很多国家都在为制造商发放补贴。当然，发放补贴是与市场经济背道而驰的。所以说，能正确体现社会价值的市场经济，与现在的资本主义市场经济相去甚远。

安田：那就是说，经济的持续增长在今后也是可预期的，我们应该在改变目标的基础上追求其增长。对吧？

斯蒂格利茨：不是。我的意思是，至少把全世界的人们都提高到我们所制定的基本生活水准之前，经济增长是必要前提。经济不增长，世界各国的个人收入一定不会增加，在达到基本生活水准之后，究竟应该追求什么样的社会形态、发展模式等，才能展开全国性的甚至是全世界性的大讨论。

安田：您提到的那个能正确体现社会价值的市场经济社会，到底应该是什么样的呢？我发现最近的年轻人，似乎对我们崇尚的消费主义转变了看法。譬如，省钱且环保的共享经济正被大家反复提起。对于大家的追求和欲望变化，您有什么样的看法？

斯蒂格利茨：我想如果真的发生了这种抛弃消费主义

斯蒂格利茨接受采访

的变化，那真是一件可喜之事。当物质消费达到某种水平时，人们被过多精致而无用的东西所包围，其追求和欲望发生变化是顺理成章的。

我认识的年轻一代，对环境破坏有强烈的担忧，并希望能维护社会正义。比起去华尔街工作赚钱，他们更希望在这些自己担忧的行业工作。因为在他们看来，这可以让社会朝着更好的方向发展。也许，因为他们看到了太多前辈们奋斗的身影，才做出这样的选择吧。在华尔街工作的那些人，相信也在思考自己到底得到了什么。有人为对社会做了怎样的贡献而烦恼，有人为自己选择的事业竟然就是产生泡沫让别人破产而感到自责……所有这些，都是年轻一代的反面教材。所以，我对未来很乐观。

安田：我记得从第二次世界大战后开始，已经发生了很多次泡沫经济破裂的事件。为了避开泡沫的产生和危机的出现，您认为经济学家能做或者能建议些什么事情呢？

斯蒂格利茨：我只想告诫经济学家一句话，不要做坏事，不要到处散布有害的信息。在 2008 年雷曼事件发生前，经济学家们——我们姑且称他们为"其他的经济学家们"吧——做了很多类似于散布危害信息的事情。他们在反复地宣传"市场有自我调节功能""不要担心泡沫，要相信市场"，包括美联储主席在内的诸多著名经济学家都曾这样说过。

我的荣获诺贝尔奖的经济理论，还有许多其他证据、研究结果、历史经验等，全都在否定他们散布的虚假信息。这样的错误在雷曼事件之前就已经被证明了，可是，人有时候还是会因为自我利益的追求和意识形态而……

安田：这就是所谓的"经济人"。

斯蒂格利茨：对，是那些自称"经济人"的人，他们过分重视自我利益的追求，几乎无视理论、证据和历史。他们把自己的理论当作真理一样深信不疑，对经济和社会怎样正常运转则一点儿都不关心。所以，不少相信他们的人都付出了极大代价。

在 2007—2008 年的金融危机中，一边是银行家们赚得盆满钵满后并开始隔岸观火，而另一边成千上万的美国民众的生活没了着落，民众们便把怒火发泄给了不作为的美国政府。

当然，也有详细研究如何让市场发挥正常功能的经济学家们。他们研究如何防止垄断发生、如何避免掠夺性贷款、探索如何杜绝金融市场的不法行为。但即便我们能搞清楚泡沫经济反复发生的原因，也不能完全使其终止。不过至少，我们可以减少陷入危机的可能性，抑制危机造成的危害，把危机的受害者数量控制到最小限度。

3. "看不见的手"是不存在的

安田：我想问一个很难回答的问题，资本主义到底是怎样产生的？

斯蒂格利茨：现在的资本主义社会与经济制度，并不是某一天突然诞生的，而是不断向前发展的结果，而且今后也将继续前进。其实，几百年前便有资本主义经济制度的萌芽，可惜不占主流。

一个很大的转折点，就是 18 世纪后半期到 19 世纪初发生的工业革命。一直以来被土地和领主束缚，曾认为世界从未改变的人们受到工业革命的启示，开始知道一切都是可以改变的。人们开始使用科学方法，提高生产率，最终从封建制的生产关系和生产方式中脱离出来。也就是说，科学和技术成为带动资本主义发展的车轮。

基于以上的变化，人类社会从只买卖农产品和家庭手工制品的原始经济，开始了向企业越大越有利的规模经济、规模效应转化。进入 21 世纪后，创新驱动型经济又成了新的发展方向。

　　这里，我想特别强调一下古典经济学之父亚当·斯密，因为有太多的经济学家崇拜他。斯密主张"他这样做只是被一只'看不见的手'引导着，去促进一个并不是出自他本心的目的"。亚当·斯密的"看不见的手"理论的确起到了经济思想启蒙的作用，但是当时并没有巨型企业进行实践。虽然有东印度公司等几个大型公司，但那些公司更致力于扩张殖民地，而非进行生产。

　　所以，我们认为亚当·斯密并不了解现代的资本主义，更不可能对其进行解释。可是，为了理解当代的资本主义，我们又必须知道诸如研究开发的社会效益、孕育创新的经济结构等。

4. "亚当·斯密搞错了"

安田：那么，资本主义能够发展的最重要原动力是什么呢？

斯蒂格利茨：今天的经济学家普遍认为是"激励机制"这一调动员工积极性的方法促成了资本主义市场经济的形成。但是，大家也还记得前述亚当·斯密的"看不见的手"的理论，与"激励机制"实际上是不可调和的。对此我只能认为：亚当·斯密 250 年前的主张是错误的。

我在美国哥伦比亚大学与布鲁斯·格林伍德通过研究发现，"看不见的手"之所以看不见，是因为它本来就不存在。我认为，仅靠市场的力量是不能有效地将社会引向理想方向的，必须要由政府将激励机制引入市场中，令其向正确的方向发展才行。

现代经济学中，追求利益的部门只不过是经济学研究的一部分而已。无论是非政府组织（Non-Governmental Organizations），还是政府或市民社团，他们都不追求利益。但在每一个部门，激励机制都起着作用。比如在非政府组织起作用的动机不是追求利益，而是帮助难民和本国贫困的人们，或者从事教育等。而且，无论是日本还是美国，市民社团都在快速壮大。这是非常重要的事情。

在使用资本主义、市场经济等概念时，我们一般会做简单化处理，或者只聚焦于其中一部分。可是，假如说要问美国创意能力最强的机构是什么？我想很多人都会认同我的观点，那就是大学。是的，大学是创意之源。美国在高科技领域能领先于世界，正是因为有诸多大学的牵引，即创意是由大学产出的。然而，优秀的大学都是非营利机构，他们并没有追求利益。

与 19 世纪不同，21 世纪的资本主义社会，大学作为市场经济的一部分发挥着重要作用。你会认为我写论文的动机是为了钱吗？当然不是，我为的是追求创意。同时，我也希望这些创意为实现我理想中的社会正义起到一定作用。

5. 资本主义可持续吗？

安田：从银行的利率政策走势来看，最近几年，很多发达国家都已进入超低利率时代，而不发达国家也在步人后尘。日本银行更甚，已悄然开始进入负利率时代。对此，有经济学家认为，这种趋势正符合卡尔·马克思提出的"平均利润率下降规律"，即资本主义灭亡的征兆。您怎么看待这种观点？另外，您认为资本主义还会继续存在吗？

斯蒂格利茨：我只认为市场经济还会继续存在。但大前提是国家政策选择正确。因为政策对市场经济的发展有很大的影响。

大概 30 多年前，以美国为首的各老牌资本主义国家开始重新整合市场经济规则，结果导致阶级不平等问题日益严重。不仅如此，还令市场经济政策的效率严重降低。经历这一整合后，人们开始只热衷于眼前利益，信奉短期主义原则。

前面说过，我们一方面有控制全球变暖、社会基础设施、教育、技术等方面的长期而巨大资金需求；另一方面，大家的腰包里也都拥有巨额储蓄。然而，在将储蓄转变为资金贷给需要者的金融市场上，却由于市场操作混乱、掠夺性的信贷、不合理的信用卡手续费等快速聚拢资金的方式之存在，变得只追逐眼前的利益。明明有长期投资需求和巨额储蓄，金融市场却只对眼前的事情积极，从不考虑远期。这便是我们市场经济整合后所导致的决定性变化。

我认为问题不在于市场经济本身，而是人们搞错了市场经济的基本设计理念。关于这一点，拙著《美国真相》中有过详细阐述，这里就不多说了。总之，我们想要让市场恢复正常，就必须修改规则，追求共同繁荣、促进经济增长、实现公平分配。我想这样的变革是可能的，而且是一定可以实现的。

反观今日美国，占总人口 1%，甚至 0.1% 的最富裕阶层明显已经提前繁荣了。令人惊讶的是，如果扣除通胀影响后来计算收入，美国中等收入者的收入已经低于 40 年前，而低收入者则变得比 60 年前还要贫穷。

究其原因，不外乎是市场经济中的规则缺失。这没什么高深莫测，其实就是市场被顶层 1% 的人支配这么浅显的道理而已。富人为了实现自己的利益，以牺牲其他 99%

的人的利益为代价，改变了市场经济的规则。

安田：在利率越来越低的大形势下，越来越多的人担心资本主义是否还有未来，认为投资和增长都已经无法预期。对于这种担心，您怎么看？

斯蒂格利茨：国际货币基金组织（IMF）把当今世界长期低迷的经济形容为"新平庸"，而我认为其实是"大低迷"。

不少人对利率持消极的态度。确实，利率反映出现阶段的经济状况，即现在的金融市场已陷入完全只追求短期利益的状态。我认为，如果动用财政政策工具，是能够刺激经济的。这样，自然利率和投资收益率便会大幅上升，因而能够出现一种良性的循环。但遗憾的是，日本和美国都受资本主义意识形态束缚，早已陷入恶性循环而不能自拔。

6. 利率有调整投资的作用吗？

安田：我想就利率问题请教一下。一般来说，投资积极性的高低受利率控制。但是，从很早以前人们就认为利率——负利率另当别论——不是好东西，威廉·莎士比亚在《威尼斯商人》中也将其作为恶的形象来刻画。与此同时，也有像约翰·梅纳德·凯恩斯那样的经济学家，他们认为利率是促进投资、促使经济增长的关键之所在。

从以上例子可以看出，在利率的认识上存在着各种不同的观点。因此我想听听先生关于利率的看法。

斯蒂格利茨：以凯恩斯为首的许多经济学家过分强调了利息作为调整功能的作用，因为对于中小企业来说，取得人们的信任比利率具有更重要的意义。当然，如果是负利率的话，大家都会接受融资。相反，如果利率变得非常高，国家经济也会陷入萧条。

关于国家经济问题，有一种被经济学家们称为"零利率下限"的观点，即认为只要进一步降低利率，经济就可以复苏。而经济之所以低迷，是因为利率有下限，无法再降低。我认为，这种说法是错误的。

经济活动中最重要的是实际利率，即考虑物价上涨影响后制定的利率。目前美国的实际利率大约是 –1% 到 –2%。根据我的计算，即便下降到 –5%，估计也不会有什么问题，仍可促进投资的增加。但问题的焦点不是负利率，而是这样一来中小企业便无法筹集资金。

就算政府能以 –2% 到 –4% 的利率借给中小企业钱，那也不会对国家经济产生影响。美国的大企业持有总额高达 2 万亿—3 万亿美元的现金，他们不投资的原因并不是因为利率，而是因为没有产品需求。另外，比起在美国国内生产，海外生产成本也更便宜。

对于利率是否能调整投资的问题，必须从大局观去考察。我再三强调，不只是美国，对全世界来讲，当务之急都是扩大总需求。而其方法之一就是加大投资。除了对人才、社会基础设施和技术开发的投资，还有应对全球变暖而进行的经济结构转型所需要的投资。

安田：您的看法是，以经济学家为首，许多人都在过分夸大利率在投资调整方面的作用？

斯蒂格利茨：是的。在今天的经济学研究中，昨天、今天、明天的消费与生产都被抽象处理过。就像苹果和橙子的时价一样，我们也为每天的消费设定价格。我们把这

称为"不同时点的价格"。"不同时点的价格"受诸多因素
影响，利率就是其中之一。另外，个人所得税以及其他各
种税率的变动也会对其产生影响。

另外，前面我也说过消费行为和储蓄行为，是受多方
面因素所影响的。譬如行为经济学研究发现，为了促使人
们储蓄，有比改变利率更行之有效的手段。

安田洋祐提出自己的观点

在美国，某个人进新公司的时候，劳动合同上会有将
自己收入的百分之几留作储蓄的内容，诸如"如果没有特
殊要求，愿将收入的 10% 转入活期存款账户"之类。一
般来说，人们都会接受公司提出的数字。如果公司提议

15%，那就定 15%；如果是 5%，那就定 5%。虽然签署的是关于储蓄的内容，但几乎没有一个人在意利率的高低。因为大家坚信，和公司的合同约定是自己实施储蓄行为的主要原因。

这是当代经济学家发现的，细细想想确实很有趣。首先，公司为不同时间节点的消费与利率变动而构筑出"不同时点的消费"与"不同时点的价格"两个概念。其次，就是这些概念其实并不重要。不过也能看出，利率确确实实规范了人们的行为。

马克思说："利率是对剩余价值的分割。"所以我认为适当的利率应当是国家经济中的重要一环，即维持经济正常发展的机制之一。

全世界几乎所有宗教中，都禁止不法贷款和高利贷。但很遗憾，不法贷款和高利贷恰好是贪婪的美国银行家们惯用的恶毒手段之一。他们正是用这些东西"贪"来了自己的万贯家财。他们成功地废除了限制高利贷的所有法律，并且提高了针对贫困阶层的还款利率，而且还让人们在自己无法看得懂的贷款契约上签字。

安田：比如次贷什么的？

斯蒂格利茨：是的。次级抵押贷款、掠夺性贷款、信用卡自称的国际惯例等，都是我不能容忍的。

　　也有人说银行家对各行业的剥削已人所共知。相信小时候我们都被教育过，这是违反道德的行为。我也认为银行家们的行为明显违反道德，不应该如此欺骗平民百姓。而且，正常的市场经济和滥用市场赚不义之财是两件不同的事情，应该区别对待。

7. 人口减少是日本经济低迷的主要原因

安田：1990 年至今，日本长期处于不景气中不能自拔。我们知道，陷入不景气的原因是日本银行和财务省的政策失误，但不景气已持续 30 年以上，几乎所有人都对经济复苏失去了信心。我想听听您对现今日本情况的分析。

斯蒂格利茨：我想应该有解决办法。回顾刚开始出现经济不景气的 10 余年，有几个政策失误叠加在一起。1995 年到 1996 年的日本银行重组改革困难重重，1997 年在消费税中新增地方消费税税目等都是失误的例子。如果撇开利率问题，从日本总体经济发展势头来看，劳动力人口虽在减少，但生产率的增长依然向好。

可见，日本经济低迷的主要原因是人口减少。但我认为这不是坏事。我认为，经济增长本身不具参考价值，只要国民生活水平稳定，低增长也没有问题。但是，并非所有的产业都是这样，也有一些产业除人口减少以外还有其他原因，另外，贫富差距的扩大化也很令人担忧。

日本特有的问题在于曾经是强项的制造业发展速度减缓，而制造业正是日本花费大量精力之所在。当年在海外开拓市场、投资建厂的行为，既是成功的也是失败的。成功是说在技术上取得巨大进步；失败则是说这些巨大进步促进了周边国家的崛起，结果就是日本国内的制造业变得相当脆弱。

以前，我曾指出日本的经济结构转型很慢，即用于提高服务业效率的投资非常少。在老龄化日益严重的日本，如果投资正确且合适，那么供老年人使用的医疗器械必然会行销全世界，但是，这种转变的速度似乎有点慢。

安田：对日本人来说，这条消息真是太好了！我现在最期待的是机器人产业的发展。随着劳动人口的减少，劳动力的缺口必然会扩大。这样一来，作为劳动力补充的机器人产业必会大发异彩。另外，因为日本的机器人技术很先进，相信其他国家也会大量引进。

8. 改变了世界的是研究者的新想法

安田：我想稍微改变一下视角，提问一些关于动机的问题。大家都知道，美国硅谷被称为资本主义发展的中央处理器，是创造经济奇迹的主要领跑者。可是令我惊讶的是，当我 2016 年 1 月去硅谷的时候，发现在那里工作的人，无论是风险投资者，还是创业者，都不是在追求自我利益或赚钱，他们给我的是与华尔街那些普通金融从业者不同的印象。可以看出，他们希望通过创造新的东西来推动社会的进步，让社会变得更好。这一点令我颇感意外。

斯蒂格利茨：我也有同感。在硅谷工作的大部分人，似乎都是从发明创造中找到了人生价值。但公平地讲，很多硅谷的企业没有正当地履行纳税义务，把从世界各地获得的利润转移到了税率较低的避税天堂。也就是说，他们还是执着于利益的追逐，只不过更隐蔽一些。但从个人层面来看，的确在那里工作的人像是完全被创造力推动着向前跑。

安田：在硅谷，我经常听到关于建立未来生态经济的事情。今天，硅谷正在建立独特而优秀的生态经济系统，您认为那与市场经济有什么不同？

斯蒂格利茨：是这样的。现代市场经济不是由 19 世纪发生的工业革命引发的。我在《创造学习型社会》（*Creating a Learning Society*）一书中也提到，现代市场经济的成功是由学习与研发带来的。我们通过学习与研发提高了人民的生活水平。

在那些改变了世界的人物中，我举个例子：发现 DNA 的分子结构与遗传信息复制原理的詹姆斯·沃森和弗朗西斯·克里克；开发了无线电的海因里希·赫兹；激光的发现者查尔斯·哈德·汤斯……这些为改变世界做出巨大贡献的人，大多都是科研人员。是的，给社会带来巨大变革，令世界之所以能够像现在这样发展，是因为这些科研人员将涌现出的新思想化为现实。

安田：老师在接受采访、从事教学和研究、协助政府部门工作等方面都非常努力。下面我想问一下，是什么东西激励着您，或者您的动机是什么？

斯蒂格利茨：完全是因为做这些事让我感到快乐、感到兴奋。也就是说，我能从思考经济与社会的结构当中感受到快乐。

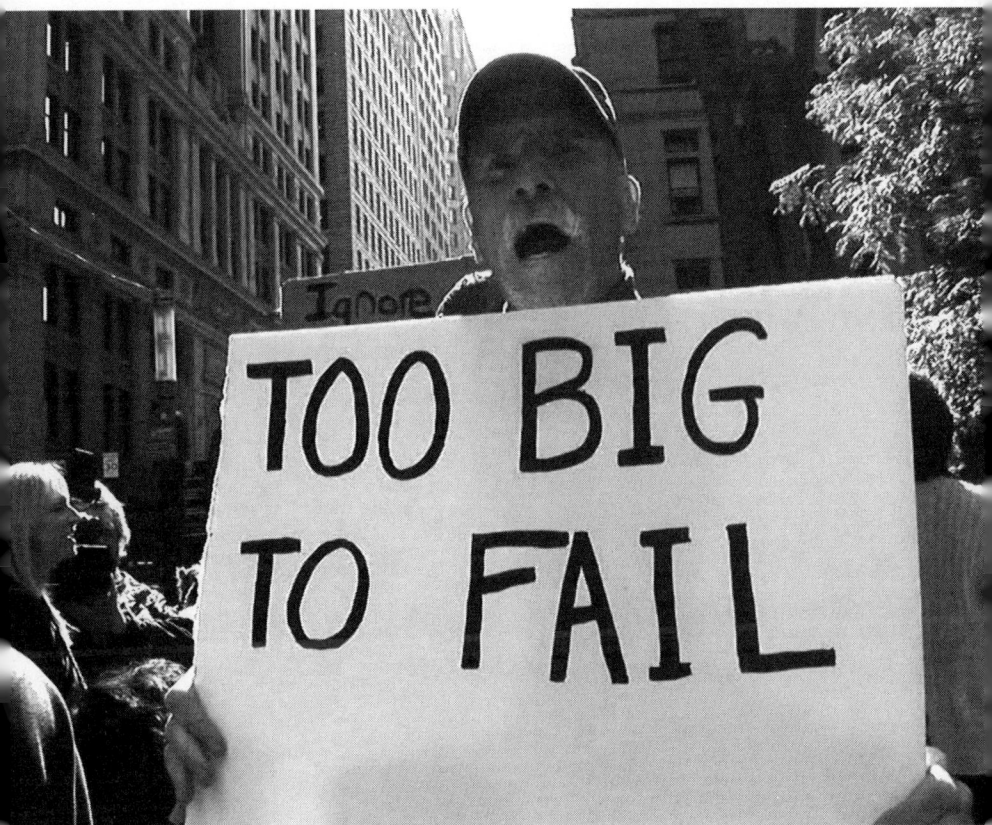

"占领华尔街"时人们手中的标语，"Too big to fail"的意思是
"大而不倒"，即政府应极尽所能保护一些超大型企业不会倒闭

美国纽约夜景

　　我小时候就很爱提问。记得 11 岁的时候，我觉得什么都很奇怪，甚至曾经问过父母："在如此富裕的社会中，为什么有只能上 6 年学的人，还有上不了中学的人。为什么会如此不公平呢？"

　　因此说，能走上研究经济学的道路，是因为我对歧视、不平等、经济危机、经济波动、贫富差距等感兴趣——当然了，更多的是对未来的担忧。从许多层面综合来看，世界经济正在变得越来越糟。至少，美国的情况比我刚开始学经济的时候糟糕多了，收入差距已扩大到令人无法想象的程度。

安田：马克斯·韦伯在其名著《新教伦理与资本主义精神》中，阐述了各种类型的动力和动机。您如何评价他在书中所写的工人劳动积极性问题？

斯蒂格利茨：过去 10 年，或者说是 5 年来经济学的进步之一，就是认识到了经济学家一直在使用的"个体"模型是错误的。这种模型认为，人与生俱来就具有某种先见性和理性的行为倾向。

在那以前，人们不讨论他们的选择倾向从何而来，也忽视了文化的影响。直到最近几年，人们才开始强调文化所起的作用以及文化如何改变人的态度和思维等。

当然，商界很早以前就知道这件事，不然市场营销早就没饭吃了。而市场营销的工作，就是试图去改变人们的偏好。

烟草公司用骑马的男人做万宝路的广告，并不是为了提供香烟信息，也不是为了告诉人们死于吸烟的人数、从尼古丁中得到的快感大小、焦油对身体的危害等。它只是为了让人们看到自己所憧憬的英雄在吸万宝路的样子，从而刺激其购买欲望。

这只是一个例子，我们从这里可以逐渐明白人很容易受影响这一事实。我们一生下来，就开始受到父母的影响。接着，我们还将在接受文化、友情、市场等的影响中成长。

《新教伦理与资本主义精神》一书指出，某一特定的宗教观念与文化的组合对人们的行为产生影响，并为资本主义的发展做出了贡献。我也认为多种文化支撑着市场经济的健全发展。

几年前，我在世界银行工作，曾出版过一本名为《东亚奇迹的反思》的书。写作前在东亚各国考察时，印象最深的有这样一件事：在某个国家，我问到为何国家经济能够腾飞，他们说自己成功是因为他们是儒教国家；而在另外几个国家的人则说自己成功是因为他们不是儒教国家。也就是说，无论什么样的文化，都有对经济的健全运营做出了贡献。当然，随着时间的推移，情况也可能会发生变化。

但是，发生在当代资本主义国家的金融制度滥用，与任何宗教的伦理道德都是水火不相容的。甚至可以说，压根儿就没有任何伦理可言。尽管如此，金融业在很长一段时间里还是对扭曲的市场经济起到了牵引作用。美国金融业的 GDP 占比，已从 1947 年前后的 2.5% 上升到了 8%。

人们工作的动机千姿百态。的确，就像在正常作用的市场经济中一样，也会有多种多样的动机并存。而且我认为，所谓能够很好地发挥其职能的社会，也正是那种对多样性宽容的社会。

9. 创新能带来幸福吗？

安田：我还想请教您一件事，即如何评价创新的问题。硅谷的各种创新，不仅对美国，也对世界经济作出了贡献。您怎样评价创新起到的作用呢？您认为创新能让人们幸福吗？

斯蒂格利茨：评价硅谷创新的价值有多高是非常困难的。因为对于靠创新而成为亿万富翁的人们来说，创新是促进变革的大事。但对于遭受了极大损失的人来说，创新就是灾难。

经济学家们曾研究，为什么从国家宏观经济的统计结果上，看不到创新所带来的生产率上升。难道是我们的核算方法错了？或者仅仅是由于社会把创新的效果宣扬得过于夸张了呢？

譬如，硅谷成功企业的商业模式多数是"广告"。拥有高效的广告系统在公司层面上是件好事，但在家庭层面上，广告绝对无法与电力、室内卫生间、食品等相比。广告只不过是达成目的之手段，它不可能成为经济的核心。

即便广告能够推到经济发展，也绝不会成为核心。

通过进一步分析我们会发现，广告收入其实来源于其他企业的腰包。因此，网络广告平台的收益提高了，意味着纸张等媒体在一定程度上受到了冲击。也可以说，企业所支出的广告费仅仅是从纸媒体转移到网络媒体，而投放效果并没有显著提高。

搜索引擎很强大，它让搜索变得轻松。虽然搜索引擎的存在可以影响生活的质量，但其经济效果没有在统计中得到反映。至于这些创新与电力、DNA 等相比到底哪个更重要，很多经济学家正在展开讨论。

对于创新者来说，为大家生活带来好的影响是值得高兴的事，创新者自己感到喜悦也是理所当然的。可是，如果在不是工作时间都被别人用电子邮件、聊天软件这些东西一天到晚催个不停的话，大家还会感到那么幸福吗？跟从前的书信相比，电子邮件给人们带来的是幸福吗？

10. 看不到创新所带来的生产效率提高

安田：对于创新能在多大程度上影响人们的生活幸福度，老师您是持怀疑态度的，对吧？

的确，与前人的诸多伟大发明相比，现代人的发明更多的是为前人发明修补边角。但是，21 世纪的技术革新带来的共享经济则是一种划时代的发明。优步（Uber）和爱彼迎（Airbnb）就是典型代表。我想，如果没有新技术支撑的话，新的市场、新的经济类型都不会产生。对此，您是如何评价的？

斯蒂格利茨：很明显，新科技对很多生产、生活领域产生了影响，并同时带来了利润。但必须要注意一点，看到有利润空间了、普及推广了，就马上认定某件事情对社会有益有点为时过早。如果新的企业收益增加，以前的企业的收益就会下降，利润也会被剥夺——不，准确来说是利润从某个地方转移到别的地方。

以爱彼迎为例，它确实对经济有贡献，但其自身也存在诸多问题。如住宿间数真正增加了吗、促进旅行和消费吗等。我们知道如果有的酒店和宾馆被迫停业，它的员工就会失业，投资者也会蒙受损失。更主要的是，本来预订房间的人就必须寻找其他酒店和宾馆。而爱彼迎则用民宿填补了该空缺。在爱彼迎旗下，有空房的家庭可以获得收入，加上住宿费如果低的话，或许以前没能力去旅行的人还可以去旅行。似乎对我们所有人都有好处，但我们还不确定其是否有可持续性。

还有一点必须考虑，在应用新技术取得成功的案例中，存在着一些短期性地钻法律空子的事情。我用你刚提到的优步为例，我们一起来思考吧。

为了防止路上过度拥挤，美国纽约限制出租车数量。原因是如果新人进入出租行业，新加入者或许能得到一定收益，但其他人必须为他支付更高的拥堵成本，因此必须采取对策。

优步恰好瞄准了这个商机，利用自身擅长的大数据，为旗下的出租车接单并避开拥堵。一旦国家导入大数据技术，并征收道路使用费的话，优步也就没有比较优势了。所以，这仅是个短期的商机。我们必须思考，如果与其他出租车运营商条件相同的话，优步能取得多大的成功呢？如果与竞争对手受到同样的限制，在同样的安全标准、保险条件和赔偿标准之下运营又会怎样呢？

斯蒂格利茨近照

综上所述，在拥有力量的一方暂时还不知道该如何使用自己的力量时，一些新技术能在短期内取得成功。

比如，酒店行业有着严格的卫生标准。但是，在新出现的技术领域，目前还没有这样的标准。政府之所以要限制，肯定是有它的理由的。因为没有限制就会出现问题，限制不可能是一种毫无意义的存在。

安田：从争夺传统部门的利润这个角度来看，技术革新对劳动市场的影响也很严重。通过革新而产生的新产业，多数是建立在相对少的劳动力投入基础上的。因此，也有人担心革新会剥夺劳动力被雇佣的机会。对于劳动市场的未来，您有什么看法？

斯蒂格利茨：新的产业和新的平台，在创造就业机会的同时也会对就业者的工作方式产生极大改变。在人们为被当作临时工录用机会增加而感到高兴的同时，往往容易忘记失去全职工作这样的事情。目前，我们还没有计算出工作岗位实际上的增减量，但很显然工作岗位将越来越少。

比起工作岗位的减少，更令人担心的是劳动者的待遇问题。在新的工作平台上，存在着工人组织力量越来越薄弱的问题。在企业支配市场的同时，工人的绝对人数在减少，力量也在削弱。因此从长远来看，不仅仅是被雇佣者逐渐减少，还存在着工资持续下降的可能。垄断市场的企业，起初也许不会滥用它对市场的支配能力，一旦企业的大小超过一定限度，滥用支配力就是不可避免的，值得令人担忧。

安田：原来如此。的确，在实现了技术革新的新的企业里，工会消失了。

斯蒂格利茨：完全没错。滥用问题已经随处可见了。

安田：这确实是一个值得关注的焦点。

11. 钱到底是什么？

安田：最后，我再问您一个简单而又深奥的问题。对老师而言，钱到底是什么？

斯蒂格利茨：相信很多人一听到"钱"，首先联想到的是"钱是万恶之源"这句话。我跟学生们说，钱只不过是支付手段和计量单位。人们在说"想要钱"的时候，大多数情况下都是"想要获取资源"的意思。如果听到有人说"我的人生意义是赚钱"。大家就会感到担心。因为那和他在说"我的人生的意义就是追求物质"是完全一样的。

我认为重要的不是过分偏重于物质，而是在物质和精神间保持平衡。为了让社会发挥正面作用，必须要有不以钱作为动机的人。虽然我们也说"金钱能支配世界""金钱产生资本主义"，实际上，要让当代资本主义能延续下去，就需要有不为钱所动、不以金钱作为行动导向的人。

资本主义制度的本质是追求利益。但极具讽刺意义的是，大家都去追求金钱利益的话，资本主义制度和市场经济功能就会瘫痪。社会需要发明新理论和研究新思想的人，更需要监视和管控资本家会不会违法、会不会给社会带来危害、会不会做像以前那样的坏事儿的人。以上这些人，几乎都不把金钱作为自己的行动导向。

安田：您自己的确也说过金钱不是行动导向。

斯蒂格利茨：是的，我认为只要能维持普通的生活就足够了。尽管如此，我还是努力工作，与学生们度过很多时间。写书，是因为我认为应当让尽可能多的人去理解这个社会需要变革。大家都去追求金钱的话，资本主义制度与市场经济功能都会陷入瘫痪。写书不是容易的事情，我先后以不平等、市场分割、市场经济的国际差异、不平等的代价等为主题写了好几本书。为了让大家更容易理解资本主义制度，这是我必须做的。

安田：谢谢！衷心感谢您接受我们的采访。

◎ 身穿红背心的明星经济学家

　　连对经济学一窍不通的我都知道斯蒂格利茨这个名字，可见其知名度之高。是的，斯蒂格利茨是诺贝尔经济学奖的获得者，是拥有世界影响力的明星经济学家。记得2011年"占领华尔街"示威游行期间，我就对这个穿着红背心，给学生们讲述不平等问题的经济学家产生了兴趣。他每天的工作包括授课、撰稿、对各国政府谏言等，真是忙得不可开交。后经过多次邀请，我才终于实现了对他的采访。

　　说实在的，我心中还是对斯蒂格利茨存有一些芥蒂的。作为学者，他在几乎取得了无人能及的成就的同时，依然能持续关注社会上的弱者，这会不会是一种纯粹为了给人看而摆出的姿态呢？人类喜爱"差异"，制造出各种有形无形的"差异"，人类就会为获得"差异"而奋斗，人们互相竞争所引起的不平等，便是这种为"差异"而奋斗的具体体现。然而，有个人认为"差异"是不应存在的，而且还为此大声疾呼，这个人就是斯蒂格利茨。那么，他的真实想法到底是怎样的呢？我想通过直接与他接触来揭开这个我一直以来的谜团。

采访开始前，一位老绅士快步走了过来，他身高约一米七，脸上显出温情和才华兼具的威严。拍摄的事情在安田教授的引导下有条不紊地进行。利用这个空当，我也用自己蹩脚的英语向他提问："很多人认为欲望是资本主义的驱动力，您是怎么看的呢？"

在现场，为了获得对方的真实想法，有时候需要我们绞尽脑汁来问一些问题。斯蒂格利茨非常厉害，他从不按我的思路走，不把真实想法和盘托出。他慎重地使用资本主义和市场经济这些术语，小心地避开欲望（desire）、贪婪（greed）等具有多重含义的词汇，继而将其替换成经济学中我们都能理解的自身利益（self-interest）、诱因（incentive）等通俗说法。

我觉得，斯蒂格利茨的观点完全可以归结为"打倒不平等"这一宏伟目标。在1个多小时的采访中，他不时提到"不平等"一词，而且每逢提到之时他的表情都毫无例外地变得很严肃。从他说话时的眼神里，我们看不到丝毫犹豫。他的嗓音优美且和蔼可亲，语速如大河奔涌般起伏变化。他习惯于一边观察着对方是否理解，一边又出人意料地调整着抑扬顿挫。

回过神来的时候，我心中存有的芥蒂完全释怀了。斯蒂格利茨本人非常乐观且充满信心。尽管他倾注一生精力与"不平等"这头怪兽搏斗，但似乎一切都没得到改变，且近年来这头怪兽反而愈来愈强大。

尽管如此，斯蒂格利茨还是坚信，总有一天人们会通力合作，从而实现理想中的社会形态，世界会因此变得更加美好。

导演 大西隼

第 二 章

资本主义并不一定非得要增长

托马斯·赛德拉切克

（Tomas Sedlacek）

捷克斯洛伐克贸易银行宏观经济首席战略官

24 岁时成为捷克总统的经济顾问

著有《善恶经济学》一书

托马斯·赛德拉切克与安田洋祐对话

相信大家都看过《黑客帝国》这部科幻电影。影片讲述了一名年轻的网络黑客尼奥，发现看似正常的现实世界实际上是由一个名为"矩阵"的计算机人工智能系统控制的。尼奥在一名神秘女郎崔妮蒂的引导下见到了黑客组织的首领墨菲斯，然后三人走上了抗争矩阵这一虚拟的敌人的征途。

虚拟的敌人……由此可以联想到我们的周围，想到网络上金融数据跳动的数值，这是不是有点儿过于胡思乱想了呢？今天，市场经济已覆盖全球，在看不见的巨大信息网络里，各种交换、交易错综复杂地交织在一起。这与《黑客帝国》里的虚拟世界难道没有异曲同工之妙吗？

年轻有为的捷克经济学家，托马斯·赛德拉切克为我们敲响了通往虚拟世界的警钟。

赛德拉切克断言："资本主义绝不是以经济增长为前提的！"

在赛德拉切克心中，所谓的资本主义，应该是在利润、增长等一个接一个的概念前面，保持着"为了实现自由的工具"的初心而存在。

实际上，赛德拉切克不仅仅在经济学领域造诣深厚，他还广泛涉猎社会学、宗教学等各个领域。他运用多种修辞方法，滔滔不绝地从好莱坞大片谈到古希腊神话、《圣经》、法国现代思想、精神分析等，涉及方方面面。话语中的各种隐喻如洪水般冲击着我们的想象，足以颠覆我们的世界观与价值观。

赛德拉切克也谈到了"谁投票给冠军，谁就可以拿到大奖"的"凯恩斯选美投票"之本质，即要骑优胜马，骑大家猜测的优胜马；不是"自己内心认为谁美"，而是猜测"大家会认为谁美"。在这种被强加的双重、三重心理战中，人们有时连自我的"主体意志"都很难找到了。人人都是芸芸众生中的一员，那么我们每天奔跑忙碌到底是为了什么？

顺便提一句，文章开头提到的电影《黑客帝国》在日本上映时的广告宣传语是"为何没有察觉"。

1. 24 岁的总统经济顾问

安田：首先，请谈谈您作为经济学家的经历。我听说，您在非常年轻的时候，就已担任捷克共和国总统的经济顾问吧！

赛德拉切克：是的，那是我第一份工作。记得是在我二十三四岁当学生时发生的事情。一开始接到通知电话时，我误以为是旅行社的工作，便很礼貌地拒绝了。结果，系主任打来电话说："不能拒绝！去见一下哈维尔先生，哪怕就听听他说些什么都行。"谁？新总统哈维尔吗？那一刻我才意识自己搞错了。

在总统府工作是一件非常美妙的事情。我拥有一间可以将布拉格市区尽收眼底的办公室。无论想见谁，都可以打电话过去。那些我一直想见的经济学家或是看似很有趣的人，一听说是总统顾问来找，都会很高兴地前来。

安田：您毕业于布拉格的查理大学，对吧？

赛德拉切克：是的。可是我 4 岁到 10 岁曾在芬兰赫尔辛基生活，15 岁到 20 岁又是在丹麦度过的。这是因为父亲在捷克航空公司工作，所以我从小就在世界各地飞来飞去。

在捷克，一般喜欢把年轻人说成"下巴还滴着牛奶"的人。3个月试用期过后，我问首席顾问："为什么你们选择了我？我还是个'下巴滴着牛奶'的年轻人呢。"结果，他回答道："你说的没错，但是那牛奶很新鲜。"

安田：这太有意思了！当顾问期间，您为总统都提过哪些建议？

赛德拉切克：比如，我参与了捷克国家银行董事和证券委员会成员的任命。在讨论欧盟诸多重大问题时，我也给出了建议。捷克国家银行行长来见总统时，先由我与他见面，整理好双方的意见，呈交总统过目后他们才见面的。当然，给总统事先介绍各国概况也是我的工作。因为哈维尔总统喜欢哲学、艺术，所以，我有得天独厚的机会，可以用哲学来分析说明经济问题。

2. 考察过去的经济模式，可以把各个领域联系起来

安田：您的经历很独特。那么，您现在的学术思想理论是如何建立起来的呢？您在大学学的是经济学，而您的书与一般经济教科书完全不同。

赛德拉切克：在《善恶经济学》一书中，我试图表达一种可以替代古典经济学论调的见解。我非常喜欢哲学、社会学、心理学等各领域的东西，所以这本书从趣味性出发，讲述的经济学中没有使用图表和数字。更有趣的是，这本书捷克语版的页码是从负 308 页编到 0 页。

书中首先从《吉尔伽美什史诗》开始讲起，接着论述《圣经》、柏拉图与亚里士多德等希腊哲学家的思想等西方文化遗产。

在我的理念中，模型可以是非数学式的。例如"约翰喜欢珍妮"这种，我也称它为模型。

我喜欢用怀疑的目光认真审视最新的经济数据，同时还要将其与过去的经济模式相比较。一般的经济学家只重

视最新的经济模式，不关注过去的经济模式，而我做的恰恰与之相反。

把各个领域知识联系起来也是我的习惯之一。在启蒙运动时期，人们意识到，全人类的智慧不可能都装在一个人的大脑中，即一个人不可能读完世界上所有的书籍。于是，学问开始精细化、专业化。专业化工作进展非常顺利，但问题是人们不能成功地把各自的片段汇总到一起。大家都知道经济学与心理学、政治学和法学有很大关联，但从没有人把它们统一起来理解。

安田：您渊博的知识太让我震惊了。如果作者是一位研究各个领域、年长的大学教授我不会感到惊讶，但您这么年轻就做到了，我着实感到惊讶。这本书的内容远远超过了本科课程的学习范围。您是如何学习到如此渊博的知识，怎样具备汇总这一切的能力的呢？

赛德拉切克：因为我很喜欢做这些事情，所以对我来说乐在其中。卸任总统顾问之后我曾就职于捷克财政部和捷克银行。我经常白天讲通货膨胀、GDP、失业率等，晚上就一手端杯葡萄酒，一手翻阅哲学与心理学书籍。我将这称为"经济学家的夜晚"。这时，脑子里会出现各种各样的想法，我便会思考如何将这些想法与经济学联系起来。思考一个问题与经济是相互矛盾还是具有兼容性。而且，我经常能发现一些可以在课堂上使用的素材。

在电视采访中，为了让不懂经济学的人也能听懂，我会用其他领域的知识来进行类比。譬如，在讲到经济周期时，我会说，"有人说经济得了抑郁症（depression），这是错误的"。"Depression"这个词在心理学上指的是抑郁症，在经济学上则是指不景气。然后，我会解释说"经济抑郁了其实是误诊，应该是得了躁郁症（manic depression）"。社会经济与躁郁症患者一样，稍微有点儿向好，便被夸张成为繁荣（躁狂状态）；稍稍不景气，便被夸张成为萧条（抑郁状态）。这样一说，大家就都容易理解了。

正如心理学和精神医学所指出的，躁狂和抑郁都很危险，无论哪种状态都需要治疗，经济也是同样的道理。譬如，在经济不景气的时候大家都会努力刺激经济发展。我会告诉大家，"这种处置是正确的。但是，如果在经济不景气（抑郁状态）的时候刺激经济发展的话，那么，在经济繁荣（躁狂状态）的时候所作的事情就应该是踩刹车"。也就是说，只给经济开抗抑郁药是不行的，还必须减小经济波动幅度。就像我刚才说的这样，把各领域情况结合起来一起看。

我经常也用电影来解释经济问题。比如《黑客帝国》

《盗梦空间》等。我曾经比较过托尔金的小说《魔戒》中摩多和精灵居住的裂谷瑞文戴尔的 GDP。瑞文戴尔几乎不生产任何东西，只将代代相传的剑留给下一代，GDP 微乎其微。与之相反，一直在为战争做准备，不断推进工业化的摩多 GDP 增长率大概是每年 20%—30%。这时，我会问大家，你愿意住在哪里？即以这样的方式告诉人们，GDP 增长率高，并不代表经济发展健康。

3. 用新观点去撼动传统概念

赛德拉切克：今日社会，受到传统概念的束缚，很多人都裹足不前。现在，我要展示一种全新的观点来动摇它。

譬如，对于 2008 年的金融危机，我的看法与一般人有所不同。也许你会认为我有些言过其实。我认为，2008 年的危机是美国自己导致的，并不是受到了外部经济力量的攻击，而是美国经济自身丧失了能量。

要说明这点，我要再次用到躁郁症的比喻。我把 2008 年的危机看作是躁狂状态造成的。从危机的起源地美国来看，2007 年已然发生了信用危机（Credit Crunch），教科书称其为次贷危机。在这里，"credit" 的词源是拉丁语的 "credo"，意思是"信仰、信用"。所以，信用危机也可称为信仰危机，经济学教科书上可没说这些。

从经济指标数字来看，当时美国的 GDP 正以创纪录的速度持续增长。低失业率、理想的通货膨胀率、日益提升的国际竞争力以及无止境的创新。而且，史蒂夫·乔布斯也健在，硅谷又极富创造性……这一切都说明，美国的经济形势一片大好。但是，就是在那个时候，美国经济的脊梁骨"嘎巴"一声折断了。

这不是由于经济不景气引起的垮塌，也不是 GDP 停滞不前。那种现象被我称为"节气阀整体破裂"。这就是我提醒要警惕躁狂状态的理由，尤其是西方诸资本主义国家，危机多是由躁狂状态引起的。

安田：因此，您主张经济要减速，而且减速很重要，对吧？

赛德拉切克：是的。要想加速，必须先学会减速。

说到固有观念，有一个很有趣的比喻。《就业、利息和货币通论》一书中凯恩斯有个比喻——"选美比赛"的故事，你知道吧？

凯恩斯说，股票市场和人生价值有点儿像"选美大赛"。只不过在这场比赛中，竞争者不是美女，而是评委。谁把票投对了，他就是胜利者。

假设我们是评委，安田先生您会投票给什么样的女性呢？如果是我，即使喜欢高鼻梁女性，我也不会投票给她们。这是因为，在西方人们不太喜欢鼻梁过高的女性。在这一点上，日本好像不一样。

那怎么办呢？如果想赢，我不会去看哪个女性是我喜欢的，而是猜测其他评委的爱好。其他评委也会猜测我的爱好。这就像玩一个没完没了的游戏。我最后一定会投票给这个社会固有观念看好的女性。

其实，凯恩斯的"选美比赛"里还有很多的暗示。

第一，它揭示出股票市场的本质。不要去买自己看好的企业股票，而是要买大家普遍看好的股票。

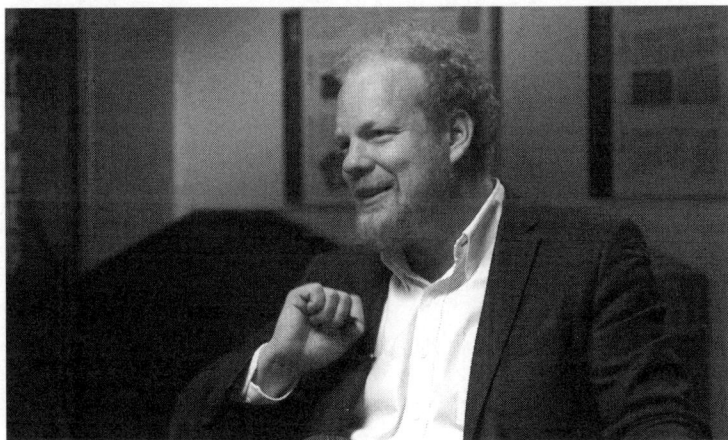

赛德拉切克接受采访

第二，事实上，在现实中经常发生的情况是，没人喜欢的女性往往会获得冠军。

第三，要利用"固有观念"。比较有效的做法是，不研究参赛女性，而研究评委。如果评委微笑，那就说明选手是他喜欢的类型，如果皱眉的话，那就说明不喜欢。

第四，我们集体创造了被视为"美"的东西——泡沫。如果有人认为冠军不美，他就会感到不安、怀疑。

第五，固有观念的影响可以跨越时代一直持续。

因此，即使随着时光流逝，大家的爱好就都变成了喜欢高鼻梁女性，而且也没有一种调节机制能将其公开化。因为，只要高鼻梁不作为新的审美标准成为人们的固有观念，我们就会受原有固定观念的束缚，投票给大家认为"美"的女性。

也就是说，"无论整个经济、整个价值体系、整个劳动体系如何扭曲，最好的企业都会获胜"这种论调是错误的。扭曲的体系只会导致扭曲的结果。

安田：想想今天金融市场的规模，我深感凯恩斯的话意味深长！也许次级抵押贷款也适用"选美大赛"这个比喻。很多投资者之所以投资次级抵押贷款，就是因为大家都认为它很安全吧。

赛德拉切克：是的，有特殊目的的公司（企业为了筹集资金而设立的子公司）投资不良债权，以为在证券市场上可以令母公司扭亏为盈，但结果并非如此。由此可以看出，神话、意识形态以及固有观念会对看似可以基于分析导出结论的问题产生多么大的影响。

　　假设我有套房子，怎么知道它的价值呢？当然是问市场了。但是，有些东西没有市场，既然没有市场也就无法知道价格。比如友情。

　　各种东西都有价格。比如夹克、笔记本电脑、手机。我的房子对我来说非常有价值，当然它也有价格。

　　同时，人生中有些关系和需求绝对不可以标价。比如美、爱情、友情、精神、清新的空气等。它们每个都非常珍贵且有价值，但就是不能标价。如果把友情的价值替换为人脉值，再换弄成价格，那就成笑话了。

　　总之，我想表达的是，即便数学很简练、很完美无缺，但用在经济学上得到的答案往往令人无法接受。数字是冰冷的，信仰是传承下来但不一定符合现代价值观念的。它们合并在一起是绝对不可能揭示出经济走向的。

4. 一味追求经济增长的资本主义是一种错误

安田：接下来，我想把话题转移到节目的中心话题——经济增长和利率。现在，以日本和欧盟诸国为首的多个国家执行的都是负利率。关于这点，斯蒂格利茨教授的发言颇有意思。他说，经济活动中最重要的是实际利率，即考虑物价上涨影响后制定的利率。目前美国的实际利率大约是 –1% 到 –2%，根据他的计算利率即便在 –5%，也能促进经济发展。

请问，您如何看待斯蒂格利茨教授的这个观点？

赛德拉切克：很明显，日本和欧盟诸国的低利率政策没有看到效果，工业产能也没有得到提升。其中，日本确实是个很好的例子，泡沫经济破裂后很长时间内，经济停滞不前，尽管政府采取大量发行国债、大量透支未来资金的财政政策，还有降低贷款利率以方便筹集资金的金融政策来令经济步入正轨，但都无济于事。

无论是低利率政策还是大量发行国债，都是为了刺激经济增长。可是我认为，所有人都深信不疑的"增长是好事""经济必须持续增长"，才是问题症结所在。

　　我想问问，日本的社会制度是资本主义社会，还是"追求增长的"资本主义社会？我理解应该是"追求增长的"资本主义社会。因为"增长"是日本人唯一关心的事情。很多人坚持认为，如果经济不增长社会就完了，就会崩溃。请问，哪里这么写了？古书中、数学模型中好像都没有。而且这种事情以前也没被证明过。所以，我们马上便能推导出，这种认识是错误的！深信"经济必定增长"这种想法根本就是无稽之谈。

　　接下来，我来谈谈 3500 年前，《圣经》中记载的人类历史上第一次经济周期循环。我建议，为了思考现在的经济周期问题，应该看看人类历史上最早的经济周期出现时人们是如何做的，这就是我的做法。

　　这个故事发生在古埃及。有一天，法老做了一个梦，梦见七头肥壮的牛和七头瘦弱的牛，随后七头瘦弱的牛将七头肥壮的牛吃掉了。法老不知梦的意义，于是叫来希伯来预言家约瑟，让他解梦。约瑟说："这个梦预示埃及在七年丰收之后将有七年饥荒。"法老询问对策，约瑟建议他："丰收之年，不要把收获的东西全部消费掉，而要把多余的储存起来。"这与财政政策很相似吧？法老遵从了约瑟的建议。于是，当饥荒来临时，堆满仓库的粮食就派上了用场，而埃及用约瑟的解梦成功地渡过了困境。约瑟的解梦就是人类历史上第一次宏观经济预测。

从古至今，对这个故事的解析有很多。最有意思的解释是：埃及人没有借一分钱就度过了比现在的困境严重许多的饥荒危机，在现在这极少发生，甚至都没有人会讨论。

正如历史记载，自古以来人类社会的经济就经常波动，从未有过年年都持续增长的情况。尽管如此，还是有许多人坚持，如果不持续增长，经济就会崩溃。

在"经济就应该持续增长"这个前提下进行经济活动、制定政策，就如同每天都在有人会买船的期待下造船一样，那样是造不出好船的。如果只想着有人买船，造船者就会赶工，赶工就造不出好船。

因此，我们可知，经济会停滞不前。可是我们的社会模式和养老金模式，甚至银行业务都是以经济增长为前提的。而经济不增长的时候怎么办呢？

我经常听到有人说经济需要增长。对此，我会回答说："没错，但是现在经济没增长。"这与空喊我们需要晴天一样，问题是现在外面在下雨。

因此，我主张还是现实些吧。要让经济一直保持真正意义上的增长，那是不可能的。

　　无论哪个国家的经济都是时涨时跌的。我把这称为"旋转木马危机"。60 多年前最拖欧洲经济后腿的是英国，20 年前是德国，5 年前是希腊。

　　我的论敌常说，经济增长是理所当然的。但我要大声疾呼，那是错误的！所谓经济必然增长，只是经济学上的神话而已。

5. 资本主义的意义在于"自由"

安田：也就是说，您认为现代人太执着于经济的持续增长，对吧？

赛德拉切克：是的。今天各资本主义国家的人们都对经济持续增长异常执着，甚至整个经济体系都是用增长来定义的。我认为，经济增长当然再好不过，但不一定要增长。经济增长固然重要，但不是第一位的。这就相当于一辆车必须设定速度极限。要问这一极限是否重要，回答是肯定的。但如果问是否是最重要的，那么回答又是否定的。

如果相信"经济持续增长是市场经济正常运行的必要条件"，那就意味着没有持续增长的资本主义走向灭亡了。所以，即使很勉强也要保持增长。也就是说可以牺牲债务、银行经营以及其他各种东西，从而促使经济维持增长。这就是捷克现在正在做的事情。这样的话，等待捷克的将会是和希腊相同的命运。

6. 经济不增长，只是因为没有必要再增长了

安田：那么，您认为应当怎么消除人们对增长的执着呢？尤其是在发达国家。经济增长是理所当然的已经成为人们的共识，要像您所讲的那样改变人们的思想会花费大量时间。

在这个问题上，日本年轻一代的情况或许会对我们有所启示。根据对生活满意度的统计，10 岁到 15 岁的年轻人的生活满意度最高。这也许是日本的年轻一代习惯了经济零增长和负增长，所以期望值较低。当然，这只是个假设。

赛德拉切克：也许是吧。我最近听到有一种说法认为，日本之所以经济不能增长，不是因为没有优秀的经济学者，而是日本经济已经到达了所谓的"天花板"。

是否相信这种说法并不重要，重要的是，如果"天花板"这一说法正确，为什么还有人认为这是"坏事"呢？换个角度来看，日本已经走到了资本主义的终点。人们已经得到了一切需求，再生产任何东西都没有意义了。人生

仅此一次，那些为生产谁也不想要的产品而坚持激烈竞争的做法是愚蠢的、毫无意义的。依我看，这个时候应该欢呼"万岁"！经济不增长，是因为没有必要再增长了。

抑郁状态最常见的诱因之一就是目标已完成。这在心理学和精神医学上都是常识。比如，某男子娶到了梦寐以求的女性、某人找到了理想的职业、学生拼命学习终于通过了考试等。然后一些人就会陷入抑郁状态，就会觉得空虚。因为一旦完成，目标就不存在了。也许可以说，我们现在所经历的资本主义经济泡沫就是成功之后的抑郁，即已经没有梦想的状态。

7. 经济好的时候要想到刹车

安田：我明白了。已陷入追求增长的资本主义真是太危险了。可是，不管人们是否在意增长，经济也会有所增长。在这种情况下，你认为还有必要扩大生产，即努力促进经济增长吗？

赛德拉切克：我将其区分为人为的增长和真正的增长。所谓人为的增长，是不具有持续性的。比如像零利率下的增长，就是这种不自然的增长。当然，在财政赤字过高时候的增长也是不自然的。

相信下一次真正的增长，应该会出现在譬如当所有人都期待的石墨烯电池被发明出来后。那种增长是真正的经济增长。

稍微多说一点儿，假设由于石墨烯电池的发明，某一国的 GDP 数字在 5 年间增长了 30%。此时，政府就应该抑制经济增长了。然后，再把多余的 GDP 增长转换到偿还债务上，因为稳定比速度更重要。哪怕速度慢，稳定的网络也要比速度快、但总是中断的网络好，因为在下载电

影和书籍的过程中如果网络出现问题会很麻烦。我想说的
是正是这一点。如果想在经济不景气的时候翻盘为经济景
气，就必须准备好在经济景气的时候加以控制的准备。

关于如何应对经济不景气的书籍有很多。而且，书
中的那些新理论几乎都是在经济不景气时形成的。凯恩斯
也好，奥地利经济学派也罢，都在讲如何应对不景气。反
观，却很少有书籍提及经济景气时应如何控制经济。

8. 不存在市场之神

安田：斯蒂格利茨说"亚当·斯密搞错了"，并说不存在什么"看不见的手"。对于这个非常有趣的论断，您是怎么看的呢？请谈谈您的看法。

赛德拉切克：亚当·斯密的书的确令人感到困惑。在《国富论》中他让人们以为，维护社会秩序所必需的"黏合剂"是追求个人利益的最大化，仅此而已。但是，他同时又有完全相反的言论。在《道德情操论》的开篇中说道："无论人们会认为某人怎样自私，这个人的天赋中总是明显地存在着一些本性，这些本性使他关心别人的命运，把别人的幸福看作是自己的事情，虽然他除了看到别人幸福而感到高兴以外，一无所得。"没错，两种观点完全相左。

即使是外人，我们也不会希望他受苦。寒暄时我们会说"祝你好运"，证明彼此希望对方幸福。没有人会说"祝你倒霉"，对吧？我想，他的话里面存在着对亚当·斯密的误解。

我是这么解释的，亚当·斯密说社会有"两条腿"。

一条是以自我为中心的；另一条则名叫感同身受。如果想单腿站立的话，就会失去某些重要的东西。

我同意斯蒂格利茨所说的"看不见的手"是不存在的。我们知道，亚当·斯密的意思是如果不顾忌道德，只追求自我利益的话，"看不见的手"会设法有效地给予调节。但问题是，我们只有右手和左手，右手做好事的时候，是不可能发现不了左手在干坏事的。因此根本不存在引导我们，清除我们消极意念的市场之神。

9. 好好歇一歇有何不好呢？

安田：斯蒂格利茨还认为经济不景气的原因之一是因为社会总需求减少，所以他主张消除各种不平等，加大环境、教育和基础设施等方面的投资，增加社会总需求以促进经济发展。对于社会总需求，您是怎么看的？前面您谈到了人为增长与真正增长的区别，现在请您谈谈对社会总需求的看法。

赛德拉切克：以捷克共和国为例，在 20 世纪下半叶曾发生过供给危机。在经济学中，所有现象都可以用需求和供给来解释。比如，当时人们对砂糖和香蕉有需求却供不应求。由于汽车供给不足，造成二手车与新车价格倒挂的罕见现象。

当时需求良好，社会总需求也很旺盛，但是供给跟不上。第一年买不到卫生纸，第二年买不到剃须刀。看看我以前照片经常胡子拉碴的，你就明白了吧？

现在的捷克问题正好相反，供给没有问题，问题是生产的产品大于社会总需求。以前的情况是我们饥饿却没有足够的食物，而现在的情况是食物很充足却没有了食欲。针对人们食欲不振的问题，政府所做的就是使用财政政策和金融政策，人为地制造需求、刺激食欲。

如果我的分析和比喻正确，即问题在于食物过剩却食欲不振，那么，为什么要用做更多的饭这种方法来解决呢？为什么不停止做饭呢？

对了，日语中有个词叫"过劳死"吧？

安田：过劳死？对。

赛德拉切克：没错，是过劳死。如果自己的妻子、孩子、家人都快饿死了，作为家里的顶梁柱，为了养活家人而拼命工作，还可以理解。然而，过劳死发生在世界上最富裕国家之一的日本，真是太可怕了。我感觉，这都起因于所谓的"不成长就不是好人""不增长的就不是好经济"的可笑想法。我刚才就说过，这种想法是错误的。"只要增长就行"，这适用于经济以外的很多领域，比如艺术、友情、精神方面的需求等，因为人类在很多领域还需要成长。如果越富裕工作反而越多，这种事太难以理解了。

我经常跟欧洲和美国的朋友讲："即使欧洲人像日本人一样地努力工作，经济最终还是会停止增长。"当然，我们绝对不会那么做。日本人受过很好的教育，工作勤奋，只要上司一句话，就可以一直不下班。这在欧洲国家和美国是不可能出现的。

在我看来，日本非常富裕。可是，看到日本游客假期很短，只用两天时间就必须跑遍整个欧洲，几乎没有什么时间休息。我不禁想问，日本的富裕到底有什么意义？除了饮食的确极其美味外，我似乎没有发现其他什么富裕之处。

10. 涓滴效应是低效的

安田：经济增长带来的效果多种多样，其中之一就是不仅中产阶级，连最底层人民的生活水平也能得到提高。安倍经济学便是基于此推出的。

赛德拉切克：你说的这个，在经济学上叫涓滴效应。意思是，如果经济增长，贫困人群也会得到些许益处。但是，效果要到达最底层，需要经过相当长时间，如果想以此来解决贫困问题，那效率就太低了。

譬如在美国，GDP 增长持续了两三代人的时间，但贫困阶层没有因此获得任何益处。受益的反而是那些处于经济增长核心圈的人，即富有阶层和大企业主。

下面我就举个例子来说明涓滴效应的低效。

假设您到一个贫穷国家的面包店买面包，店主过来问："您从哪里来？"店主这样问并非想交朋友，而是想知道客人来自哪个国家。如果您回答"来自日本"，店主会在脑中迅速确认一下日本的面包行情，然后报价"1000 克面包 800 日元，还是特价哦"。

安田洋祐对日本未来经济表现出极度忧虑

您知道该国面包行情，于是生气地说道："简直是暴利！1000克面包也就100日元左右吧。"店主反驳道："哪儿的话？这价格真的很合理。您在日本买1000克面包不是要付1000日元吗？"

1千克面包800日元，这个交易很公平。您可以节约200日元，店主能赚700日元。当然，我们一般都会选择离开那家店，因为去别家店可以更便宜。

由此看出，富裕国家的买主比起贫穷国家的面包店主，在决定面包价格方面更有优势。也就是说，即使富人变得更富，穷人也不会因此得到太多好处。

与此类似，经济学上也有类似的错误理论。比如有理论认为，贸易可以缩小富国和穷国之间的差距。可真实情况是，贸易确实对双方都有好处，但是富裕国家从中获得的利益要远远多于贫穷国家。

举个简单的例子吧。假设在一个贫穷国家，1000 克咖啡 10 日元，而在富裕国家，相同的 1000 克咖啡卖到了 1000 日元。也就是说，中间商的利润空间很大。

那么，中间商买入价应为多少？估计大部分人都会回答 500 日元吧。这样，贫穷国家可以多挣 490 日元，富裕国家也可以用差价中的 500 日元去购买其他东西。

但现实不是这样，真实买入价格可能会在 11 日元左右。即在实际贸易中，富裕国家大约能赚到 990 日元，而贫困国家却只能赚到 1 日元。原因很简单，因为富裕国家掌握着价格决定权，贫困国家只能被动接受价格。

11. 利率似酒

安田：前面您谈了全球持续低利率和经济增长关系的问题。接下来，我想就利率问题请您谈谈，谈谈它好的一面与不好的一面。关于利率的起源，您是否也可简单论述下。

赛德拉切克：利率或利息是一种非常有趣的东西。如果翻阅历史书你会发现，关于利率或利息的讨论随处可见。比如，宗教书籍、古希腊哲学书、中世纪经院哲学书等。其中，利率和利息常常是被否定的。

利率很奇妙。在现代社会，通过电汇等方式可以让金钱快速从一人手中转移到另一人手中。我想说的是，我们也可将金钱的转移认为是金钱在穿越时空，就像电影《回到未来》里的时空旅行一样。

在银行贷款时，人们认为钱出自银行，实际上钱是来自未来的自己。比如，假设我从银行得到 100 万日元的贷款，其实那意味着我从 60 岁的托马斯·赛德拉切克那里拿到了 100 万日元。也就是说，借助利率的作用，我将金钱从未来移动到现在。

储蓄和负债，或者说财政政策和金融政策，基本上都如同操控能量使之进行时空旅行一样。如果财政政策能很好发挥作用，那么就可以在经济景气时将能量蓄积起来，到不景气的时候再拿出来使用。

利率和酒有点儿相似，因为酒也可以让人的体力进行时空旅行。比如，你在周五晚上喝酒，喝着喝着突然发出"哇哦"的怪声，或者平时根本都不唱歌，突然当着别人面唱起歌来。

你会以为是因为喝了点儿酒才有了精神吧？其实不是的。酒不会产生能量，它只不过是让周六早上你的体力进行时空转移，移动到周五晚上罢了。每周人的体力总量是固定的，喝酒只是将部分周六的体力移动到周五而已。

很明显，醉酒后第二天会因为宿醉而难受，但是金钱可以跨越四五十年的漫长时间。所以，一定请注意：当你真正需要能量的时候，能量可能因为提前透支而耗尽了。财政政策和金融政策从根本上来说，都是操控能量的把戏。所以，聪明的政治家和银行家对于负债都非常慎重。

12. 再好的投资，债务都得偿还

安田：您说的这种情况正在日本发生。日本政府现在以国债的形式过度透支未来的金钱，令很多人对未来感到忧心忡忡。

刚才也提到了，以日本和欧盟诸国为首的多个国家现在都实行负利率政策，真是史无前例。对此，您怎么看？

赛德拉切克：这真太可笑了。从经济学出现到今天，这种用负利率提升通货膨胀预期，逼迫人们把钱花掉的方式，真是闻所未闻。

我可以说这是经济崩溃吗？

靠零利率或负利率政策来降低负债成本，这种事情在我看来相当危险。财政政策和金融政策与药物有相似之处，难道说因为能买到某种便宜药，就不管什么病都用这种便宜药吗？利率为零或负数，政府负债成本低，因此有人认为政府应该负债。但问题是，经济会对负债这种药物产生依赖，一旦开始就停不下来。药物最后便会改变经济的走向，那样迟早会使经济全面瘫痪。

日本算是一个特例。日本政府发行的国债总额已是日本全年 GDP 的 2.3 倍，这在其他国家是无法想象的。不过，债务迟早都是要偿还的。

也有经济学家认为，如果是为了投资环境更健康，负债也没有关系。对此，我持反对意见。不管周五晚上多么快乐，宿醉一样在所难免。同样，无论投资环境多健康，哪怕是投资修建高速公路、新建大学、建造最先进的研究所等，所有债务最终也都得偿还。

有些国家教育水平位居世界前列，且拥有优秀的经济学家，发展潜力巨大，可它们为了购买"增长"，宁可卖掉"稳定"。日本就是如此。而且，问题在于这还是我们不断努力，想方设法"实现"的。虽不至于"经常"，但我们的确实现了经济增长。可是，这样的经济增长，是建立在随时有可能经济崩溃的基础上的。

或者，我们可以设想一下，假如 2007 年到 2008 年金融危机发生时日本的国债为零，情况会怎么样？相信危机的影响应该只是债务从零增加一点点。那么，那场危机就算不上危机了。当时之所以影响很大，是因为在危机到来的时候，政府已经背负了许多债务。

安田：您前面说了利率如酒，那有没有喝了酒也不宿醉的好方法呢？

　　赛德拉切克：没有，想不宿醉只能少喝或不喝。

　　而且，问题关键也不在于宿醉，而在于周五晚上的躁狂状态。当宿醉头痛的时候，人们才会想，昨天我干什么了，该怎么弥补？但为时已晚，错误已经于前一天晚上发生了。

　　安田：酒的比喻非常有趣，而且很有道理。

赛德拉切克接受采访，背景是日本的一家德国萨尔模具店

　　利率和金融政策，至少有一部分属于政治问题，所以中央银行在某种程度上可加以调控。但是，从长期的利率趋势来看，很多发达国家的利率仍在下降。当然，这主要反映了民营企业的收益率。因此，也有人对商业和资本主义的未来感到不安。您认为应如何评价利率长期下降的趋势？

赛德拉切克：对于完全无法把控的事情我们必须特别慎重，利率就是其中之一。我们不了解真正意义上的利率，虽然有很多讲解利率的书籍和计算利率的方法。可是，看看负利率就知道，我们并没有完全掌控利率的能力。

因此，我们必须慎重对待利率的问题。如果政府不依靠债务，而是用储蓄来进行投资的话，情况就会好得多。与负债相比，依靠储蓄进行投资需要花费一定时间，成本也会增加。但是，这样明显安全得多。因为只需把 2015 年存下来的钱在 2016 年花就可以了。

利率下降，原本应该是信誉的表现。我们借钱给值得信任的人时，利息都会低于借给不值得信任的人。而今天各国的情况更近似于当一个人喝得酩酊大醉时，只要你求他，他就会把钱借给你，但第二天早上又会反悔。零利率或负利率便存在着类似的问题。

对这一问题的解决方法，我有两点主张。

第一，在零利率或负利率这种不可持续的状态下，计算 GDP 是没有意义的！那就如同给患有低温症的人量体温来诊断他是否健康一样。

第二，财政赤字情况下也一样。当财政赤字率达到 GDP 增长率的 3 倍时，GDP 增长率将毫无意义！这就等于用 3% 的债务购买了 1% 的增长，这时经济增长了又有什么意义呢？

只有笨蛋才会认为从银行借 100 万日元自己就成了拥有 100 万日元的有钱人。但是，如果政府做了同样的事，也就是说，从银行借 3 倍于 GDP 增长率的债务，以此为财源进行公共投资，获得了 GDP 的一点点增长，那么很多人一定会非常高兴地打开香槟，庆祝我们的经济"增长"了。而且，他们中很多都是顶尖的经济学家。

13. 利率是头无法驾驭的猛兽

安田：在不允许利用利率获取利息的社会，借钱只能靠人与人之间的信任。有些人可以不要利息，爽快地借钱给对家人、亲戚、朋友，但他绝不会借给陌生人。正如您所指出的那样，如果不要利息那就成了做慈善。因此，这种情况下取得利息是合乎情理的。

如果承认利率和利息，就会很容易通过借款来筹集资金和进行投资，继而促使经济发展。通过支付利息，也可以匿名进行借贷，金融市场也会活跃起来。同时，人们对于信任、面对面交易等事物的关心也会逐渐淡化。从这个意义上是不是可以说，利率与利息有坏的一面也有好的一面呢？

赛德拉切克：没错。利率和利息就像刀子与火，如果有能力掌控那会非常有用，如果不能掌控，就会反噬自己。

世界经济持续下滑，令本来应该停留在安全地带的银行站在了悬崖边上。史密斯飞船乐队有一首歌曲叫《生活在边缘》。歌曲大意是，如果长时间在悬崖边停留，就随时都有跌落下去的可能。银行本应是非常保守的，但现在银行已被严峻的商业大环境逼到危险的边缘，处于醉酒脱轨的状态。

当然，利率是必要的。因为社会结构就是这样。人一生中收入最多的是在五六十岁的时候，而支出最多的是 20 多岁的时候。20 多岁时要养家糊口，需要在孩子、房子和车子上花钱。于是，只能背负贷款，让未来的钱进行时空转移。而当某人的收入没有达到预期的时候，问题就出现了。为了防范该问题出现，所以银行建立安全的风险模式就显得尤为重要。

经济危机中最具讽刺意味的是，尽管利率设定时基本上都考虑到了破产风险，可当经济危机一出现，整个系统都会崩溃。对此，我经常引用我的朋友、牛津大学数学家大卫·欧莱尔的比喻。他说，资本主义国家的银行就像是"某些"装有安全气囊的汽车一样，只要不发生碰撞事故，安全气囊还是能起到很好的安慰作用的。

经济也一样，当意识到出问题的时候往往已经来不及了。

安田：听您这么一说，利率似乎和资本主义无限追求增长有关。如果我们设定 10% 或 5% 的利率，也就是预估某一项业务能产生 10% 或 5% 的利益，那么就可以说 10%

或 5% 的利率就是将来还款时的执行标准。利率设定后，对增长的期待也会相应地提高。从这种意义上讲，是不是可以说利率就是资本主义能发展的源泉呢？

赛德拉切克：确实如此，你这个点抓得很好。美国经济学家克鲁格曼的基本观点是：如果降低利率，增加债务，经济情况便会好转，偿还债务也会容易些。我并不赞成这一观点。如果去掉中间那段话，我们就会看到不同的意思，即如果增加债务，就容易偿还债务。

这句话是什么意思，包括银行家在内的所有人都意识到，克鲁格曼的观点表明了我们的经济是多么地依赖债务。在我看来，债务过多是目前各国经济面临的最大难题之一。而克鲁格曼竟然认为，要解决这个问题，就需要不断增加债务，从而扩大消费需求。

14. 人类的"原罪"在于过度消费

赛德拉切克：经济学家们认为，2007 年至 2008 年金融危机的原因在于过度消费，即家庭过度消费、银行过度融资与政府过度消费。

这让我想到在《圣经》中，伊甸园中的亚当和夏娃已经什么都有了，却还冒着风险去吃上帝不允许吃的识善恶果，我觉得就是"过度消费"。亚当和夏娃两人已然吃喝不愁，何必还去要更多没用的东西呢？

21 世纪的我们尽管拥有非常先进的技术，能够熟练运用 Wi-Fi、手机、互联网、计算机等，可无论我们多么辛勤地工作，生产即供给还是无法满足人们的所有欲望。

在解决过度消费问题上，很多政府拼命推行的对策就是增加消费需求。于是，现在政府背负的债务比 2007 年至 2008 年金融危机之前还要多。这就如同用油来灭火一样。

我们这个社会最看重的自由，其曾经的意思是"物质自由"，但是现在变成了"消费自由"。越能消费，人们越觉得自由。如果一个人被剥夺了消费权，反倒觉得不自由了。而为了消费，人们又不得不一直工作。这简直就是《黑客帝国》里的世界。

安田：我还有一个问题。我们也采访了印度尼西亚的创业者，似乎新兴企业的首席执行官对资本主义的是与非不那么感兴趣。可以说，现在印度尼西亚是个只追求经济增长的资本主义国家。那么，对于新兴国家一味地追求经济增长，您是怎么看待的？发达国家已经没有大规模的经济增长了，但在发展中国家情况不同。至于过度消费，我想印度尼西亚还远没到那个阶段。

赛德拉切克：我刚才的一番话纯粹是针对富裕国家而言的，具体是指那些存在过剩消费问题，且为解决需求不足而强行增加需求的国家，但不包括发展中国家。我针对富裕国家的言论，就是想避免全球资本主义国家的"过劳死"。

安田：那么，如何区分哪些国家已经处于过度消费，哪些国家尚未达到呢？

赛德拉切克：人们饿肚子、买不起房子、存在无人照顾的孤儿、女性不结婚就无法生活……这样的国家就是发展中国家抑或是贫穷国家。

15. 工业革命使人们失去了生存意义

安田：我们暂且抛开目前的低利率和低增长问题，先追溯一下历史。在世界史上，工业革命是资本主义完成从工场手工业向机器大工业过渡的阶段。您认为工业革命是如何改变人们的欲望和资本主义发展方向的？

赛德拉切克：工业革命拉大了人与物之间的距离。

比如现在几乎所有人都在用手机，把它当成自己的伙伴。有些人甚至整天都把手机放在口袋里，上厕所都带着，晚上睡觉也放在跟前。关系再亲密的朋友也没有这样吧？

尽管如此亲密，我还是不了解手机的构造。除了手机的开发和制造者，我们所有人都只了解手机的部分功能。比如，有人了解手机屏幕，有人了解手机电池。或者可以说，几乎每个人和手机之间都有距离感。

我不知道我穿的衣服是谁做的，虽然衣服标签上能看到"意大利制造"，但具体到是谁就不清楚了。而且，今天的我们不可能自己搬运饮用水，也不可能自己去打猎，更不可能自己去种田。

在工业革命前，这简直无法想象。那时，人们相互之间都清楚各家是做什么工作的。每一种需要基本上都会有几个专职人员去做。

查理·卓别林的电影《摩登时代》里有一段场景刚好可以回答安田先生的问题。在卓别林扮演人物的工厂里，人就是机器的一部分。主人公像机器一样工作时一切还算顺利，但当他挠一挠身体的时候，工作马上就跟不上了。而且，慌忙之中还有可能被卷进机器里。这是展现工业化时代景象的经典场景。有趣的是，主人公在被卷入机器巨大的齿轮中、身体遭到挤压的同时，仍然不忘继续工作。

安田：随着工业革命或者叫工业化，劳动发生了不小变化呢。

赛德拉切克：是的。人们不仅仅是为了自己生存下去而劳动，而变成"上班"了，接着人们还出现了"休假"。这些词汇的出现是工业化的象征，带来这种变化的不是资本主义，而是工业化和城市化。也就是说，这种变化与资本主义无关，而与工业化有关。

另外，这种变化使人们失去了人生的意义。本来，工作令人生有了意义。可是今天，分工越来越细化，每天重复同样的工作，往往会令人精神上感到痛苦。这也许是出于这个原因，现在一些地方出现了一种趋势，主张建立家族经营的小公司，回归到纯手工的时代。

我在这里给大家讲一个故事，大家就更明白了。从前有一个有钱人，走到一个正在钓鱼的穷人面前，问他在干什么。钓鱼者回答说："我在钓鱼。"有钱人说："你应该买渔网，干大事。这样的话，你还可以雇人捕鱼。""为什么要那么做呢？"钓鱼者问道。有钱人回答说："那样你就可以在退休以后，再享受钓鱼的乐趣。"从这则故事可以看到，其实这个钓鱼者从一开始就很幸福。如果像有钱人建议的那样买渔网雇人捕鱼，幸福也许会降临，但在奋斗的过程中，他会经历很多苦难，其中不仅有风险，还可能血本无归。

安田：很多人为了金钱和事业而工作，但是很少有人成就事业。得到足够的金钱之后，没几个人认真考虑过实现了什么。这整件事真的很令人费解。对此，您是怎么想的呢？

赛德拉切克：那是因为今天的工作和娱乐都很随意。试着想一想，假如亚里士多德复活过来，看到今天我们工作的样子，他一定会感到困惑。我们坐在电脑前喝着咖啡，接受采访；出去吃午饭，还不断收发信息。在今日社会"收发传递"是发达国家经济核心服务的主要部分，是典型的"工作"。如果亚里士多德看到了，估计会觉得我们这是在娱乐消遣。

空闲时你会做什么？我会跑步、打猎、打理院子和做饭。在亚里士多德的时代，这是工作；但在我们的时代，这是娱乐。

说到劳动，我发现一件非常有意思的事情，即有时候支付报酬反而会出现积极性下降的情况。譬如献血的时候，如果花钱让人们献血，献血量反而会减少，血液的质量也会下降。因为一些献血者不是要获得报酬，而是想把血液作为礼物送给需要者。根据一直以来的经济学理论，如果给予报酬的话，应该会收集到更多的血液，但实际情况并非如此。

曾经有人做过实验，请两个小组人员做同样的工作，让其中一组无偿工作，而给另一组支付报酬。结果报告显示，无偿工作的小组比付费的小组工作更快，完成质量也更高。

什么是劳动？什么是娱乐？这很随机。它会随着时代的变迁而变化，同时会对人们的心理产生了很大的影响。

16. 人工智能是洪水猛兽吗？

安田：您认为人工智能是洪水猛兽吗？

赛德拉切克：在现代社会里，我们都对信息技术（IT）和人工智能（AI）寄予希望，因为给我们带来很大益处，但从发展过程来看，我觉得我们必须放慢脚步。

令人感到困惑的是，尽管所有人都能察觉到 AI 的危险，更担心它会毁灭我们，可是继续开发却根本无法停止。互联网也如是，要我们停止上网，几乎是不可能的。即使知道那是非常危险，很具破坏性的，世上还是有些领域能让它继续存在下去。

试着想象一下，100 年后的电脑不仅代替我们进行体力劳动，还可能进行脑力劳动。那时，人类会怎么样呢？估计人类会落得和马一样的下场。工业革命前马是主要劳动力，而现在几乎不用了。人类会和马有相同的归宿吗？这是经济学家们反复自问的问题。

我们应该开始考虑如何对待 AI。如果 AI 替代我们工作，那是不是应该引入最低收入保障制度，让人们更多地享受休闲娱乐呢?

我相信，AI 终将夺走人的工作，但我们仍旧在期待 AI 进一步"进化"。因此，如果人们真的希望计算机能代替人类工作的话，就必须事先考虑好如何对由 AI 产生的利润进行社会分配。但现在已经太晚了，利润可能会被某一个人独占。于是，很可能会出现这样的情形，那个人变得非常富有，而剩下的所有人都会没有工作、没有金钱、没有希望。

当然，AI 也有可能归全社会共同所有。很久以前就有这种说法。如罗伯特·斯基德尔斯基建议资本收益应收归国有。约瑟夫·熊彼特则高瞻远瞩地说道："如果大家都持有相同比例的股份，那么，资本主义就会变成资本共产主义。"

这些问题我们现在必须认真讨论一下了，留给我们的时间不多了。如果管理得好，技术会更进步，对人更有益；人们生活会更轻松，工作方式会更健康。管理好自己是我们自己的责任。

如果，创造出的东西过于强大便无法控制了。如同"节气阀破裂"一样。尽管警示灯不断闪烁，但天然气仍然源源不断地继续前进。

所以必须注意，我们完全能够创造出这种东西。各个

漫步在东京街头的赛德拉切克

赛德拉切克在证券交易所观察股指变化

文化圈的所有神话都在暗示，毁灭自己的往往正是自己。我觉得，比起自己的软弱，强大更令人害怕。

安田：如果不能或者很难禁止 AI 技术，那最好的办法恐怕就是放缓脚步了吧。

赛德拉切克：是的，因为我们不知道未来将去向何方。我们的社会在用速度弥补知识的欠缺。但是，如果不知道该往哪里去的话，首先应该停下来环顾四周，寻找道路。加快速度通常解决不了问题。

17. 欲望永远不会得到满足

安田：我想请教您一下，您在作品中曾对 18 世纪英国思想家、精神科医生曼德维尔进行了详细的叙述。他的观点正好和您相反。他主张，债务之花可以结出公益善果。对此，您怎么认为？

赛德拉切克：没错，曼德维尔在《蜜蜂的寓言》一书中认为私欲的"恶之花"可以结出公共利益的善果。我完全不同意这个观点。但必须承认，这也是一个极具挑衅性的、非常好的寓言故事。从某种意义上来说，该观点也极具说服力。

曼德维尔相信，人为了满足私欲而活着。但是，欲望至少要满足两个条件，即欲望不希望被满足，欲望希望的是增殖。人类欲望的本质不在于得到欲望的对象，而是在得到之后仍希望得到更好的东西。

安田：这样就会导致过度消费吧？

赛德拉切克：没错。并且欲望永远不会得到满足。"人类永远不会得到幸福。因为人们总是一个接一个、不断地希望得到新的东西。"这是芝加哥学派的经济学家富兰克·奈特的原话。

古希腊时代的斯多葛学派与伊壁鸠鲁学派之间曾就供给与需求的关系展开过争论。伊壁鸠鲁学派认为供给不足以满足需求，因此，获得幸福的处方就是按照需求相应地增加供给量。

对此，斯多葛学派虽然赞同对方开头部分供给小于需求的说法，但对后面所说的表示反对，因为他们发现如果按照供给相应地减少需求的话，不就可以得到幸福吗？

正如有首歌叫《劳拉能得到她想要的一切》。但如果歌名改为《劳拉拥有她想要的一切》，劳拉岂不是更幸福？

我们试着把它平移到经济问题上。现在，摆在每个人面前的都有两种选择：由于不满足于现状而拼命工作，但永远都得不到满足；满足现状轻松生活。

如果捷克共和国的人民只满足于 30 年前的 GDP 水平，情况会怎么样呢？ 30 年前、25 年前、20 年前人们是不是因为供给不足而感到苦恼了呢？没有！与 30 年前相比，现在富足的人们反而欲望更大了。

如果 30 年前的 GDP 水平能让人们感到满足，那么现在要得到同样的满足感，一周只需工作 3 天就可以了。但是，我们所做的，却是把通过增长获得的能量全部消耗在获得更大的财富上。结果，有时就得做比 30 年前更辛苦的工作。这是极不合理的。因为人一旦被欲望束缚，就无法控制欲望，就会受欲望支配。

安田：我也这么认为。这样的欲望，至少看起来是不健康的。但是，如果我们反向来看企业和个人的强烈欲望会成为资本主义和市场经济的推动力，其结果有可能使穷人的状况得到改善。

这 50 年到 100 年间，各国的生活环境，特别是人们的健康状况都得到极大改善。如果 100 年前的人们很满足于当时的状况，不奢望进一步的发展，不想消费更多的话会怎么样？我想，如果是那样，那么，我们现在的环境也许会跟 100 年前没有太大变化吧。

我想说，要做出"这样就足够了"的判断很难。标准由谁来定？欲望和消费有时候也会过度，但将来也许会有用处。

赛德拉切克：最初，几乎所有的发明都不是为了用于商业，商业用途只是第二位的。发明互联网不是出于商业目的，飞机的发明是源于人类的好奇心。把这些东西推向市场，进行销售是后来才产生的行为。那是商人的事情，商人不是发明家。即使他是创新者，也不是发明家。

我不反对进步。只要回顾一下历史就会发现，即使在产业革命时期，当时进步也都令人们叹为观止。电、电话、电报、汽车等的出现都是如此，但是我们渐渐习惯了进步，就会发现我们更依赖于进步，就像依赖药品似的。药品治病时候很重要，但吃多了反而会得病。

我重复一下，我不反对进步。我的主张是，即使GDP平均增长率为零或者更低，也要保持经济稳定。我们欢迎增长，但更希望经济即使不增长也可以持续下去。不管是从精神层面，还是从财政政策和金融政策方面来说，这都是很现实的转变。

18. 平衡好自己的收支吧，
经济危机迟早会来！

安田：我想请教一下将来的事情。上一次经济危机是 2007 年到 2008 年的金融危机。您预测一下，在不久的将来，还会发生大危机吗？如果发生，我们怎样回避危机？

赛德拉切克：我们知道，西欧各国都有降低债务水平的缓冲时间。因此一旦债务水平下降失败，虽然不知道危机什么时候会出现，但是一定会到来。因为商业周期是循环往复的。而且不要忘记，危机只是周期的一个环节，而不是趋势。

以前，谈论未来是预言家的事情；而现在，经常谈论未来的是经济学家。社会学家和政治家却不热衷于此，只有经济学家说起未来的事情时，会具体到小数点以后。

总之，下一次危机一定会到来。如果维持现在的债务水平，一旦危机来临，我们的经济就可能会面临崩溃。我不认为它会在下一次危机中崩溃，但那将是最后一次或倒数第二次的警告。

警告什么？警告我们要"平衡收支"。

我喜欢看恐怖电影，特别喜欢看日本的恐怖电影，有时连我自己都觉得不敢看了，但是兴趣使然，不想看都没办法。

魔鬼对我们有话要说。可我们在听到魔鬼话语的瞬间，它就消失了。您觉得魔鬼想告诉我们什么？我听到它说："平衡好自己的收支吧！否则你们会倒霉的！如果因为债务过多而一心只想着增长，就算增长率达到20%我也会让你们乱成一锅粥！因为你们收支不符。"

因此，我强烈主张减少债务。比起增长，首先应该考虑减少债务。刚才也提到了，2007—2008年在经济充分增长的情况下发生了金融危机。以后，金钱带来的危机有可能是文明社会的"过劳死"。我希望不会那样，但是这种风险确实不容小觑。

19. 钱是什么？

安田：最后一个问题。对您来说金钱是什么？

赛德拉切克：对我来说，金钱就是协议书。同样一张纸，写 5000 元就是 5000 元，写 500 万元……不，写 5 元就是 5 元。可见，金钱实际上就是协议书。

金钱其实并不存在于世上。金钱立足于关系，只存在于人与人之间。创造出的金钱如果只属于自己，那就和只有自己懂的语言一样，对别人没用。金钱和话语，需要两个或两个以上的人互相分享并予以重视，否则就等同于没有。

金钱也是能量的表现形式，不是我的价值或者我的劳动的价值。金钱是一种可以在我与其他人之间进行能量传递的表现形式。可以跨越时空，也可以存起来作为送给未来自己的礼物。或者也可以以借款的形式，透支自己将来的钱。

对我来说这就是金钱，不是纸片。钞票是具象化了的金钱。因为金钱是精神层面的东西，所以它能完美地跨越时间和空间，以光速进行移动。

另外，金钱非常神奇。3 世纪欧洲思想家奥古斯丁说过："时间是什么呢？如果没有人问我，我是明白的；如果我想给问我的人解释，那我就不明白了。"我想，金钱也一样。没人问金钱是什么的时候，每个人都清楚地知道；可当有人问起，就不知道如何作答了。

安田：谢谢您。

赛德拉切克：也谢谢您，让我度过了一段非常开心的时光！

ⓐ 这个人来自何方？

　　我是通过书籍《善恶经济学》才知道这位出生于捷克的经济学家托马斯·赛德拉切克。在书中，赛德拉切克将神话、电影、心理学等互不统属的学问相互交织、纵横驰骋，这种前所未见的"经济学"让我感受到了知识带来的兴奋。

　　2016 年 4 月 8 日，赛德拉切克首次到达日本。在羽田机场等待的我非常激动。赛德拉切克是一位一头蓬乱金发的大个子，完全与娇小玲珑的日本气氛格格不入。再看他的行李只有一个 40 升大小的小背包。

　　那之后的一个星期，我几乎每天都和他到处去拍摄。走在东京街头的赛德拉切克就像一个精力充沛的大孩子。在日本桥附近的一家立食荞麦面店里，有一张广告张贴画上的人眯着眼睛表示"太好吃了"，以此来宣扬企业一直在努力。看到这个，他歪着头说："这么便宜又好吃，为什么还要继续努力呢？"

端上来的饭菜，他吃得很香，似乎在说，已经这么好吃了，还要怎么努力呢？跟人说话，他非常礼貌且表情丰富。我本以为他是一个认真严肃、悲天悯人者，结果看到的却是一个天性幽默，常常把周围的人逗得哈哈大笑的人。我们看到的是一个从纯学术世界中超脱出来，尽情享受着人世间一切美好的终极"快乐"主义者，一个在规定的范围内尽情享受的快乐主义者。

比如，他的背包。要问里面装了什么，只有两双换洗的袜子、两条裤子和一件衬衫。每天都穿着来时穿的外套，里面口袋里是装有几张信用卡的卡片夹、凌美牌钢笔和魔力斯奇那牌笔记本。"所有的东西都在这智能手机里，它简直就是个黑洞。"他说。

还有，吃饭的时候，他绝不暴饮暴食。在小酒馆点菜也要认真确认大家是否能吃完再点。即使我们劝他放开一点儿，他也会拒绝。

顺带说一句，在捷克赛德拉切克被称为"可怕的孩子"（Enfant terrible）。

导演　大西隼

第 三 章

资本主义并不完美！

没有劳动的社会终将到来！

斯科特·斯坦福德

（Scott Stanford）

夏尔巴投资 CEO

原高盛公司职员

2013 年创立了风险投资企业

斯科特·斯坦福德与安田洋祐对话

资本主义社会中，有投资人这一群体存在是非常奇怪的。这些人只根据自己的分析、判断，对有发展前途的企业、项目进行投资，并以此获得报酬。在资本主义经济活动过程中，这些人既是主体，又是旁观者。

那么，在一连串的投资过程中，到底哪个过程产生出了财富呢？我脑子里不由得冒出一个念头，我想要弄清楚事实真相。

投资家斯科特·斯坦福德曾说："想法本身没有价值，想法实现才有价值。"也许，我这个想法会被他认为愚蠢至极并付之一笑吧。

他辞去全球最大的投资银行——高盛的工作，创立了风险投资公司夏尔巴投资，并担任 CEO。作为投资人受到关注，则源于他与一种商业模式的邂逅，而这种商业模式给出租车行业带来了巨大的冲击。

"在优步，我遇到了创业伙伴。虽然当时它只是个小公司，但其想法很令我吃惊。"

无论是相貌还是气质，他都显得出类拔萃。一般说来，做投资人有一个要求就在于他们充满热情，会因为新发现而两眼放光。

话音未落，就听他继续说道："是否投资的基础在于该项技术能否盈利。我们没有义务考虑国家 GDP，只要专注于市场就好。"

安田先生问他："与在投资银行工作时相比，您现在在投资上有什么变化？"对于这样的提问，他马上冷静避开："这个问题很有意思，我从来没有想那么多。投资嘛，就是为了回报。"

我们经常说"冷静的头脑和火热的心"，可是这种冷和热之间到底有什么关系呢？难道这种看似充满矛盾的思考方式才是现代资本主义最前沿的投资人所必须具备的素质吗？让我们一边回忆以前学过的投资知识，一边仔细倾听他的投资哲学吧。

如何看待现今这个社会、时代以及资本主义？在我们的反复追问之下，这位投资人终于亲口说出了他对未来的惊人看法。

"资本主义并不完美。资本主义是一个以劳动为前提的社会制度。未来社会是一个没有劳动的社会，我们应该思考一种新的模式，即模式 C。"

那么，模式 C 究竟是一种什么样的模式，也许只有展开对谈才能真正知道。

1. 能否更快速、更廉价地提供更优质的东西

安田：我在大学里教授经济学，所以特别关心经济学对您的职业、工作以及社会见解是否有所帮助？另外您在大学里上过经济学的课程吗？比如 MBA 等。

斯坦福德：我上过经济学课程。

安田：您的专业是社会学吧？

斯坦福德：是的，是社会科学。经济学和统计学是必修课。但是，在哈佛商学院我没选经济学课程，我所学的都是销售、战略、交涉、财务等实践性内容。

经济学是做学问和讨论时使用的理论。但是，我觉得在思考事物的时候，尤其在思考与市场有关的情况时经济学也会起到一些作用。

在市场上，当我们遇到经济学模式无法计算、无法参照的情况时，就需要花费很多时间思考对策，考虑如何修正模式以适应市场。

因为如果供需结构协调平衡，市场就会显得高效透明。虽然我满脑子想的都是如何获得高额利润，但在某种

程度上也会考虑经济学理论。

但是，身处技术与创新时代的我们，几乎不会关注自己所做事情的经济意义，也不会因为担心其影响而思前想后。

安田：因为没有必要啊！

斯坦福德：为了眼前的回报，的确没有必要。

比如，有想投资或创业的项目，即便有可能对该领域的就业市场带来打击，我们一般也不会考虑就业市场会怎么样。我们考虑的是它是否会对消费者有利；它能否更快速、更廉价地提供更优质的东西。

从长远来看，这些或许会对经济产生很大影响，比如GDP、生产率、就业率等。经济专家们多年来一直观察研究的经济现象，有可能会受到我们投资的技术和创新的影响。但是，我们一般不会考虑那么多。

2. 新技术使消费者和企业皆大欢喜

安田：您刚才提到过 GDP。当然，大家都知道 GDP 是经济核算体系中一个重要指标，一般认为 GDP 越高人们越幸福。可是，同时又存在优步、物联网服务这些新型服务，它们也让人们感到幸福。所以，我认为，作为衡量人们幸福指数和经济发展水平的指标，也许选择 GDP 并不合适。

优步、物联网服务等一般都很便宜，消费者不用花太多钱，幸福指数却可以得到显著提高。我认为，从这种意义上来看，我们不应该只关注 GDP，还应该关注消费行为和整个市场的其他方面。

斯坦福德：的确，日常讨论中我们一般不使用 GDP、就业率等词汇，我们只谈论有效市场。

能赚多少钱、生意能做多大、人们会拿出多少钱来购买出租车经营权、买多少钱的车、多少钱用于购买日常消费品……我们考虑的是整个市场。这是一个庞大的数字，虽与 GDP 很接近，但绝对不同。

斯坦福德接受安田洋祐邀请

除了有效市场以外，还有效率。我们一直在探索如何让工作更加高效。用经济术语来说就是提高劳动生产率吧？

安田：是的。

斯坦福德：我们会考虑如何用同样的劳动力来增加生产量，从而进一步提高劳动生产率。

我们对于经济的思考，基本上应当止步于此。之后我们应主要着眼于如何获得利润、发展和市场，还有"创新性破坏"。意思是那些无法跟上时代变化的老旧产业，应当变化角度，想办法让它起死回生。为了让消费者高兴购买，就要改变消费者体验，而且最好可以重新思考一下供应链等在消费者体验背后发生的事情。因为如果能提高供应链效率，不仅能使消费者高兴，我们也能赚到钱。世上有很多能让消费者开心却不太赚钱的生意，原因就是花费的成本太大。

既能让消费者高兴，又能让企业赚钱，这就是技术的优点。如今，技术已经让很多以前做不到的事情成为可能。通过改革供应链，产品的制造方法和服务的提供方式都得到了改变。而且，如果价格能够比以前大幅降低，那么还可以将好的消费者体验打造成品牌。

有趣的是，一口气回看几十年甚至上百年的经济相关数据——安田先生您应该很清楚，如果用 GDP 和劳动生产率来衡量经济发展水平的话，确实这几十年 GDP 和劳动生产率一直在持续上升。经济在持续增长，这一定是件好事。但是，从就业率没有提高；人们的实际工资也没有上涨来看，这就是坏事。

那种情形意味着，虽然我们现在身处大变革时代之中，可是，要实现变化还需要时间。

"技术进步对经济来说是件好事。"这一观点，既有人赞成又有人反对。赞成者的观点自不必说，反对者则怀疑技术进步减少了人们的工作机会；全球气候变暖的持续加剧让技术进步不可避免。

　　但是，"技术进步减少了人们的工作机会""全球气候变暖让技术进步不可避免"这两条意见不被很多人认可，事实上它们已造成的伤害远比"不认可"这三个字的问题大得多。今天的大家已基本明白这几条意见正确与否，所以人们往往会说："哎呀，糟糕！竟然是正确的！"

　　因此，我们应该认真考虑这个问题。在世界各地，我们都能听到有人说："光看这5年的数据，不能说机器人夺走了工作。"可问题是，这5年的数据说明不了什么。如果将时间换为25年呢？到那时也许就为时已晚了。简单地说，这就是创新和技术给经济带来的影响。

　　但是，并没多少人真正仔细思考过以上的问题，我们只考虑如何获得更大的市场，如何创造更大的收益和如何让更多的顾客高兴。

3.靠股权投资来帮助企业创造价值

安田：大家都知道，您在辞掉高盛的工作之后，创立了现在的夏尔巴风险投资集团。

说起来，投资有多种不同的方式，比如商业银行投资、投资银行投资、风险投资等。那么，我想请教一下，它们之间的区别是什么；各自有什么样的基本特征；每种方式具体投资点又有何不同；在不同领域的投资战略有什么不一样；还有您为什么对风险投资最感兴趣呢？

斯坦福德：有个词叫"投资银行业务"，该业务虽有"投资"这个词，但投资银行业务根本不进行投资。是的，投资银行业务只会对交易给出建议，但不投资。也有像高盛这样的企业，拥有自己的资金投资部门，但不是顾客和投资银行进行交易，而是企业与投资银行或者银行与投资银行进行交易。摩根士丹利旗下也有做投资的集团，它和一般我们知道的摩根士丹利的投资银行业务也不一样。

综上所述，我们可以知道：投资银行业务只对交易提供建议；商业银行的主要业务是贷款；风险投资和私人股权投资的主要业务是股权投资。也就是说，投资银行给建议，银行给贷款，风险投资做投资。

另外，我觉得股权也很有意思。因为持有者可以成为企业的一分子，在核心层面参与企业价值创造。大股权持有者甚至可以成为董事，帮助企业把企业的内部事务向前推进。与我刚刚提到的投资银行、商业银行与风险投资都不一样，股权既不是建议也不是贷款，贷款就是"我借钱给你，你连着利息还给我"。这种情况得到的回报便只有利息。

安田：那么，您能谈谈您对自己工作的看法与规划吗？与在投资银行工作的时候相比，您对现在工作的看法与规划有什么样的变化呢？

斯坦福德：你这个点抓得很妙啊！我从来没有考虑过那些。但是，至少有一点可以明确，我做的工作都是在资本主义体制下的工作，必须遵循资本主义规则。无论是在高盛公司做顾问，还是在夏尔巴公司做投资，或是在麦肯锡公司做咨询，我所做的工作都是资本主义体制的一部分。

资本主义的本质就是追逐利润、创造利润、返还利润于股东。利润是用金钱的绝对值和时间函数来表示的。换句话说，就是在尽可能短的时间内创造更多的利润。

　　同样，投资银行业务、风险投资业务还有咨询业务，在本质上也是看很短的时间内能获得多少收益。

　　因此，资本主义只考虑商业交易是否获得利润，根本不考虑后果的严重性。

　　我所在的夏尔巴基金的返还期限为 10 年，10 年后出结果就可以。与投资银行的交易相比，是不是感觉时间太长了呢？因为投资银行业务往往在几天或几周内便达成交易，得出结果。

　　安田：是啊！感觉时间太长了，要 10 年啊！

　　斯坦福德：没错，是 10 年。而且到第三、第四年的时候，你就下不了我的"船"了。为什么呢？因为手头的资金几乎都投进去了。当然，与此同时我们也已经运行在获取回报的轨道上了。

　　因此，在宏观层面上，所有的投资都一样，都是短期性的。而夏尔巴资本与众不同的地方还有，它不仅仅对企业进行投资，有时也会自己创办公司。事实上，它已经创办过好几家公司了呢。看到市场上有机会却没有人出手，我们就会找一个合适的人来投资。是的，我们并不是自己经营公司，只是找一个合适的人注入资本，同时进行战略指导。

4. 按需服务使消费发生了戏剧性的变化

安田：如今，人类社会正以惊人的速度发生着巨变。我想请问，受新技术的影响，现实中发生了哪些巨变呢？

譬如，新技术使消费者的消费行为逐渐改变。比如像按需服务，您认为它会使消费者的喜好朝哪个方向转变呢？

斯坦福德：从生物科学的观点来看，变化不仅已经发生，而且还在加速。比如，今天食用健康食品已是人们达成共识的事情了，它改变了消费者的嗜好和习惯。像无谷朊、木糖醇等，虽然出现了好几个世纪，都没有人在意过，而现在一下子卖疯了。

现在，我们常常智能手机不离身，用它进行道路导航，订购商品。很明显，人类的各种能力通过技术得到了强化。未来我们还将看到，植入人体的人工关节将会被能够用意念控制的人工设备替代；现在我们随身携带的终端机，将会被突触直接连接到大脑的设备所代替。那么，能够上行连接到谷歌的植入设备也就不是什么难以想象的东西了。

安田：即便到不了技术"一统天下"的程度，但考虑消费者的需求，通过物联网来满足消费者的个人消费需求这种事情确实越来越容易。我相信随着人工智能技术的进步，也许有一天，在消费者还没意识到自己需要什么东西之前，人工智能就会建议"您应该买这种商品"，会劝您"您应该使用这种服务"等。但如果世界变成那样的话，我真有点儿不敢想象了。

斯坦福德：你难道不知道，这一天已经到来了吗？要知道打开亚马逊网站，首先出现的就是"系统优选"。

事实上，谷歌等公司正在对种行为加以抵制。很有意思吧？如果要做的话，分明谷歌更容易将信息与用户关联起来。没错，谷歌比用户想象的更了解用户。他们并不是有意隐瞒这个事实，如果谷歌真的将其运用到其他地方，大家一定会觉得有些恐怖吧？是的，正是这个原因令谷歌一直抵制那么做。

但有趣的是，消费者很希望亚马逊网站告诉自己应该买什么。其原因是，"系统优选"令人们找到心仪物品和消费变得越来越省事。这样，我们就能在高效地找到这些东西的同时，购买更多的东西。

安田洋祐进行提问

这对卖方也非常好，因为能节省时间，更快赚钱。但是，对于不能摆脱传统批发和零售业流通模式的卖家来说，相信这并不是什么值得高兴的事情。

我们都知道，按需服务现今获得了极大发展。如我们夏尔巴资本在应用程序优步上有投资。主要是非职业出租车司机的普通人将私家车进行注册登记，仅在闲暇时间被用作出租车以获取收入。也就是说，你既可以使用该应用程序让顾客乘坐出租车，如果有私家车的话也可以利用该应用程序去当司机赚钱。您知道的，优步带来了很大的市场需求。

另外，我们还投资给一家按需提供餐食配送的公司，该公司名叫曼彻利（Munchery）。他们的构想很简单，就是以非常合理的价格轻松地提供高品质的菜肴。在这方面人们的需求也很大。

此外，我们还投资给一家名为 CUE 的公司。

安田：CUE ？

斯坦福德：是的，就是 CUE，即按需进行病理检查。顾客不用出门，在家只要两三分钟就能检查自己的 HIV是不是阳性、是不是得了链球菌性咽炎、是否得了流行性感冒等。另外还能测出维生素 D 的数值怎么样。而且，只需花几美元就可以进行检查，当然是用一次性的检测包进行检查。那么以前是什么情况呢？没错，必须先预约，然后去医院，再采集标本拿去检验室，一两天后才能出结果。

如果知道在自己家就能进行病理检查，知道在护士站、工作单位、学校都能进行检查，就不会再有人去医院和检验室了。因为消费者会寻求更方便的检查方法。没有比这再好了。

在夏尔巴资本，我们所做的就是看按需商品和服务可以推广到哪里，思考哪些市场有可能与以往的服务拉开很大差距。在这些市场里，消费者会说："我以前一直是这样购物的。""以前都是在那儿买东西，但得知这儿东西又好又便宜以后，我就在这儿买了。"正如安田先生所说，消费模式确实发生了很大变化。

安田：哈，说不定有一天，人工智能会发展到建议人们应该接受哪项检查吧？

斯坦福德：肯定会的。如我们投资的卢卡人工智能公司使用的便是"bot"技术。"bot"是 robot 即机器人的简称。尽管该技术像机器人，但没有固定在某个特定平台，仅仅是一个程序。用户可以通过信使功能和机器人聊天，也可以进行简单语音对话。最近脸书公司也宣布，允许第三方开发脸书信使机器人，同时允许开发用于企业交流的工具——斯拉克机器人。

你觉得这种机器人能干什么？我想起了我们的智能手机。你对它说："嗨！智能手机，今天天气怎么样？"它就会显示天气预报。对它说："嗨！智能手机，会议几点开始？"你就能看到会议安排。

而今天，你看到的卢卡公司提供的机器人要比这更智能。如你问："嗨，卢卡！帮我找一家适合约会的寿司店，而且在那里预定好七点的座位。"它也可以马上帮你搞定。

安田：真是太厉害了！

斯坦福德：还有更厉害的呢。我的同事布赖恩正在使用一个叫艾玛的机器人助手，不仅他的邮件全部由艾玛抄送，艾玛还会对照日程安排进行处理。比如，它会说：
"对不起，那个时间布赖恩不太方便，换个时间怎么样？"
最有趣的是，它会在签名文件上写上"我是机器人艾玛"。

5. 大数据属于基础设施

斯坦福德：由于人工智能的出现，今后许多事情都会发生巨大变化，其实变化已经开始了。刚才我说过，脸书和谷歌拥有大量的技术资源和数据。人工智能必须从大量的数据和快速的数据流中学习。在构建人工智能系统时，有一个课题就是必须输入大量信息让它学习。而脸书和谷歌等企业拥有庞大的数据库，因此在这方面具有相当大的优势。

安田：最早开始使用人工智能的企业都具有相当大的优势。他们积累大量数据，加强机器学习，从而让计算机具备与人类相同的学习功能，然后便可以为人们提供更优质的服务。当他们成功提供某项服务的时候，其他企业往往很难提供相同水平的服务。

一看到这样的结果，我就想到一个问题。一个企业，策划出一个好方案，然后开发出一项新服务，进而独占该领域，这样做也许会得到不菲的回报。但是，从竞争的角度想一想顾客，有些事情确实令人感到害怕。譬如，谷歌

正在使用优步打车 App 的人

美国旧金山街景

在互联网检索领域处于统治地位，如果他们开始做对顾客不利的事情，结果会怎么样呢？

斯坦福德：是的，希望他们没有做坏事。暂且不管这种活动公正与否，我们先来讨论一下，如果资源集中于某家特定企业会有怎样的经济意义呢？

估计大家都对大数据这个词非常熟悉，我们夏尔巴资本就认为，掌握大数据的程度是拉大差距的主要原因。技术方面，可以招聘人才组建团队，用高额薪酬来吸引工程师，但是时间无法倒流，历史无法重现。我们无法回到过去再现大量的实时信息。因此，正如您所说，谷歌、脸书、苹果、微软、亚马逊等，这些处于数据交汇点上的企业确实处于有利地位。

AT&T，也就是美国电话电报公司曾是美国最大的电信公司。当时各家各户都有该公司的线路，令该公司几乎垄断了电信行业。你知道这时发生了什么事吗？美国政府要求"拆分公司！不能由一个公司垄断！"因为，"如果所有的基础设施由 AT&T 来掌控，是不符合资本主义的竞争规则的"。数据属于基础设施，虽然只是用简单的字节来表示，但它确确实实属于基础设施。

因此，在这一领域中处于绝对强势地位的谷歌公司之所以成立字母表公司，就是因为他们觉察到了风险，担心会落得美国电话电报公司一样的下场吧。也许他们认为，"成立阿尔法特公司，企业之间就可以分享数据。这样一来，我们就可以避开那些怀疑的目光，他们总是认为我们要凭借一辆巨大的重型卡车，在此我的意思是拥有绝对强大力量的事物来阻止竞争"。

因此，正如安田先生所说，最先开始投入生产的企业具有优势。但是，顾客这方面我并不担心。这些企业通过给提供顾客自己的数据吸引顾客再来，这样会取得更好的结果。如果有顾客的数据，我们的机器人艾玛或者说是人工智能管理者就可以给顾客提供更多的信息。比如，推荐顾客买什么、哪里有顾客喜欢的店铺等，就能够实现更加灵活的服务。

6. 硅谷

安田：我们再来说说硅谷。硅谷园区与世界其他地方类似的"园区"相比，可谓极为成功。你认为硅谷园区取得如此成功的主要原因何在？

斯坦福德：这个问题很有意思。去年夏天，我去日本参加新经济峰会，也被问过类似的问题，即为什么硅谷那么特别。

是啊，从创业者的角度来说硅谷真是不错的创业地。我们来看看，与世界其他地方相比，硅谷的创业者们是如何取得成功的。

硅谷有个系统被称为生态系统。这个小系统的规模就像大学校园那么大。举个例子，假设有个大学教授想创业，当他想听别人的意见时，可以问学生，也可以问那些终身教授或是其他教职员工。因为他出身于名牌大学，又有实际成果，所以随便打电话给任何人也没问题。在这里，就像在校园一样，那些高才生可以互通有无，信息往来通畅。

　　我有时会在家和女儿组装电脑。正巧，我们组装电脑所用组件的销售公司是我们很感兴趣的公司。他们也与硅谷产业园区有着非常紧密的联系，会互通有无。

　　在日本新经济峰会上，当主持人听到我说"互通有无"时，马上反驳我："您是在开玩笑吧？不是互相竞争吗？您搞错了吧？"我答道："不，没搞错。"

　　当然，也不能说没有竞争。比如说，亚马逊会帮助塔吉特吗？不会！当然，优步也不会帮助来福车。另外，对于那些要拖创新后腿的政府规定，他们会携起手来一起应对。

　　更有趣的是，这里的人们身上充满了干劲。那正是我们的强项，这里不会像其他园区那样，让恐惧和不安成为绊脚石。

　　在这里，人们会相互协作，分享创意和想法。我也曾很多次和同行们一起出席过晚宴和董事会。我们经常一起谈论各种事情，分享与交流自己的想法。比如我们经常会说，现在情况是这样，你知道吗；你知道现在很流行这个吗等。这里信息量充足，合作体制也健全。

　　而且，经济体制上也为那些活动提供支持。募集资金的团体、提供法律咨询的律师事务所或会计师事务所等，他们会对即将开业的企业提供援助。而这一切的结果就是，成功带来了进一步的成功。

为慎重起见，我这里再强调一遍，竞争在硅谷是有的，而且很激烈。硅谷并不只有一家公司，所有公司都想赢。我所在的公司赢了，就意味着竞争对手的公司输了。

硅谷人才的录用方式也一样。如争抢优秀工程师时，哪家公司聘的人才更优秀，它就赢了。所以硅谷内的企业并不是完全携手，而是在资本主义制度内部允许的情况下进行竞争。

硅谷的优点在于它不是一个单一的企业组织，也不局限于某一产业。但大部分企业都在从事技术创新工作。比如在一家酒吧里，早上还有人坐在这里考虑食品行业的创新；午餐时就有另外的人来这里谈无人机；到晚餐时这里又在热烈讨论出版的话题。是的，这里的业务关乎方方面面，并非只集中在某个领域。因此，这里的事物永远都有新鲜感，充满了生机与活力，更富有竞争力。

7. 能够改变世界，这令人兴奋

安田：接下来想请您谈谈自己的情况。斯坦福德先生，您已经积累起巨额财富，但依然还在为扩张公司版图而努力工作。请问，您的动力是什么？至少我不知道是什么能让大富豪这么努力工作的。

斯坦福德：我认为没有人会只为自己而工作，认识到这点很重要。我其实有一个创业伙伴谢尔文·皮谢瓦，三年前我和他共同创建了夏尔巴资本。我为他工作，他也为我工作。非常幸运，我们的想法和眼光都非常相似。

还有一点必须说清楚。我们投资的 5 亿美元资金并不是我们自己的钱，而是出资人的钱。出资者负有限责任，他们把资金委托给我们管理。我们只有在投资产生回报的时候，才能获得收入。所以我们上面也有老板，而且是很重要的老板。他们搭建了平台，投入了资金，我们才能拥有企业，才能以更宽广的视角来推进事物。

谢尔文和我都想毕生从事这份工作。要说原因，那就是热情，而不是为了赚钱。赚钱固然好，但不应局限于此。我经常说，我们在工作和休息之间没有界限。也就是说，不是我们对工作以外的事情没有兴趣，而是因为我们对技术更感兴趣。这几天我就在和我 10 岁、12 岁的两个女儿一起组装电脑。

安田：请继续。

斯坦福德：我们用芯片搭建计算机内核，然后布线进行组装。而且，我很期待能回家和孩子们一起组装电脑。

所以，要说我努力工作的最大动力是什么，答案就是单纯的喜欢技术。当然我也希望赢，那也是我的动机之一。另外，还有一个动机就是挑战全新事物，期待能改变些什么。

我前面讲过我们投资曼彻利的事情吧？要知道，全美国有 35 万家餐厅。你觉得为什么会有那么多餐厅？一个原因是菜肴品种需要多种多样；另一个原因就是餐厅数量越多，顾客就餐越方便。如果附近没有餐厅的话，食物在送到顾客手中之前就会变得冰凉。

但是，如果换一种全新的商业模式，只有一间高品质的厨房，每晚可以制作 15—20 种饭菜，会怎样呢？用手机或者机器人操作一下，10 分钟后门铃响时饭菜就送来了，情况会怎么样？

安田：只需要 10 分钟吗？

斯坦福德：是的，准确说是在下单后 10—15 分钟。你觉得怎么样？这样就不再需要很多餐厅了，对吧？甚至附近有没有餐厅也无关紧要了。如此一来，问题就只剩下一个，那就是饭菜的味道是否令人满意。

35 万家餐厅的味道怎么样呢？与拥有数千万美元资本的大型餐厅做的饭菜相比，是不逊色呢？还是有多少家餐厅做出的饭菜比它味道好呢？我心里已经有了答案。

这些企业同时也会开展富有创造性的业务，即提供半成品食材。这样顾客也可以在家里自己做饭。如果你想吃刚出锅的东西，想做漂亮的炸鱼，那么自己做就可以了。说明书上清楚地写着烹饪方法：打开封口，放入这个材料和那个材料进行搅拌，然后就好了。我们投资的曼彻利公司便有这样一项业务。

在旧金山湾区有个叫奇波特尔（Chipotle）的大型墨西哥料理餐饮连锁公司。企业目前市值为 200 亿—300 亿美元。那家企业在旧金山湾区还开了很多餐厅。但是，我们只在旧金山湾区开设了一间厨房，营业额就达到了他们的一半，注意是一半哦！而且就在旧金山湾区！难以置信吧？只有一间厨房，几位厨师和一些清洁人员。没有接待人员，也没有泊车人员。厨房所在地也不是街上最好的地段。这就是破坏性创新。

会发生这样的事情，着实令我们很兴奋。再如我和创业合伙人谢尔文是在优步相识。在优步公司成立之初，我们各自分别投资，我们的投资属于 B 轮投资。虽然当时公司很小，但是创意很有趣且富有魅力，我们两人都感觉到了某种变化。

同时，从市场来看，优步就是需求和供给的最好范例，也是对需求和供给有效协调的挑战。一旦有了有效协调，网络效应也就越有弹性，结果就变成了现在这样。这就是创新。

对了，您知道黄色出租车公司吗？

安田：嗯，知道。

斯坦福德：我今天刚得到消息，它已经破产了。

安田：真的吗？我还不知道这个消息呢。

斯坦福德：这家破产的公司曾是旧金山最大的出租汽车公司。其股价下跌，优步股价大涨。对我们来说，这就是工作的动力。很有趣，且令人兴奋。

安田：新的商业模式对顾客来说，无疑既方便又实用，当然也有缺点，就像您刚刚所说，会导致本行业及相关行业的现有企业倒闭。您是如何看待技术创新这种两面性的呢？

斯坦福德：您是经济学家，相信您比我更清楚。而且，这个问题几十年前就已存在了吧？从来都是打破旧事物，才能创造出新事物。尘归尘，土归土，对不对？经济也是这样进步的。

安田：这跟技术创新产生的影响大小没有关系，是各种经济问题普遍存在的问题。创新带来的作用很多时候是形式多样的，大部分人只能得到一点儿，有时也会得到巨大利益。可是，输掉竞争的人会经受很大的负面影响。正因为如此，那些人才会坚决反对新事物，反对政策变化。

8. 如果将来没有了劳动，人类会怎么样呢？

斯坦福德：这纯属我个人意见。我认为，即便将来没有了劳动，人类一样能正常发展下去。等到所谓的转折点出现时，技术创新早就极大地提高效率，且戏剧性地改变就业形势也说不定呢。

比如优步，如果司机觉得收入太少，就会出现供给问题。因为，司机收入少，数量也会相应减少，顾客就打不到车。重要的是找到能让司机对收入满意的最低点。如果司机过于满意收入，就意味着顾客的费用负担过大。因此，看清其中的盈亏分界点很重要。我们在所有的业务中都是这么做的，这也是通往成功的秘诀之一。

记得以前希拉里·克林顿说："非正规就业太多的劳动市场对劳动者不利。"但是，我认为这"不符合事实"。于是，我打电话给希拉里的选举事务所，请她过来。让她与爱彼迎、曼彻利、优步、Shyp 等企业的创业者们进行了直接交谈。

当问到公司的非正式员工问题时，他们都说这样很自由。有的人甚至享受着五种"非正式工作"。在优步做两三个小时的司机，然后去大学学习，之后在服装公司工作，接着还有其他的工作。他们说，这样很自由，可以不受制于人。所以，我认为，不能简单就说"非正规就业对劳动者不利"。

您经常听说无人驾驶汽车吧？

安田：嗯，是的。

斯坦福德：自动驾驶技术在硅谷也是一个经常谈论的话题。埃隆·马斯克预测道："将来会有一天，在有些地方驾驶自己的车辆也属于违法。"想象一下，在无人驾驶汽车一统天下后世界会如何，也就能够理解他的预测了。

安田：开车违法？

斯坦福德：是的，因为不安全。

安田：有道理。

斯坦福德：人的大脑中有太多不稳定因素，心不在焉的可能性太大了。但是，搭载人工智能技术的自动汽车是编好程的，会自己学习，可以瞬间把控整体情况。

如果埃隆·马斯克的预测准确，将来高速公路的车道上一定会出现"非自动驾驶汽车禁止驶入"的标识。如果汽车逐渐都成为自动驾驶，那全世界由人驾驶的车辆就都没用了。

你看看外面，那里有一栋六层建筑，里面放着很多车。那些车几乎一整天就那么放着，一天只开 5 公里，或者最多开 50 公里左右。而下面的路上也停满了车。如果实现了自动驾驶，那些车就都看不到了，因为一辆车可以一趟接一趟不断地接送乘客。

我们在优步身上看到的是"优步式的高效模式"。如果能更加自动化，那么优步的成本，还有其他各种成本便会相应地极大缩减，低到与人工费不相称的程度。如果实现自动驾驶，人工费就彻底没了，那样的话，消费者将会非常满意。

肯定会有人担心司机怎么办。回顾历史就会明白，他们会流向其他工作。如果不修铁路了，原来修铁路的人就会去修高速公路。如果不再修建高速公路了，就会去修高速铁路。

可是，也许有一天，一切都被技术取代，人类将失去所有工作。那样也很麻烦吧？但是这是机遇更是挑战。因为，我们会因此而进步。

安田：我个人认为那应该不是问题。看看古希腊和古罗马的历史就知道了，当时奴隶在劳动，市民们享受着生活。虽然不知道在不久的将来世界会变成哪样，但是存在一种可能。

斯坦福德坐在特斯拉车中接受安田洋祐的访谈

斯坦福德：您是说人工智能会成为人类的奴隶吗？

安田：是的。奴隶这个词虽然不好听，但是，总有一天会由人工智能或者自动化机器来专门从事劳动。

斯坦福德：我不否认这一点。所以我想说，这是一个挑战，也是一个机遇。

我们应该预料到这种情况会发生，并提前做好准备。如果心存侥幸，认为"在我有生之年不会出现那种情况""在那之前我应该退休了吧"，而不未雨绸缪、做好各项准备的话，那么受到的影响将是无法估量的。

幸好还有 10 年左右的时间，也可能是 20 年或 30 年吧。但是，如果总是与过去进行比较，猜测这种事情多久以后会发生，那是很危险的。因为世界在不断加速变化。

打个比方，一般人夜晚开车会开车灯，车灯只能令我们看到车灯照到的地方。因为已经习惯了，所以别处看不到也不要紧。刹车也如是。但是，如果车子不断加速后会怎么样呢？没错，我们的反应也应该加速吧。在非常快的速度下去打方向盘或刹车是很危险的。

正如我们谈论地球环境、恐怖主义或者其他全球性问题一样，我们也应该谈论一下，今后 10 年间，随着技术进步，社会将变得不再需要人类劳动了，我们该怎么办。

从这个基础上看待安田先生指出的奴隶制时代的经济，我们可以从中学到什么？如果真正拥有了高效而且比较廉价的自动化劳动力，世界会变成什么样？

安田：正如斯坦福德先生所说，我们一方面要提高反应速度，另一方面也要有更好的前车灯。

斯坦福德：为了看得更远吗？

安田：是的。您还有您的企业一直在做的就是这项工作。一方面加速经济发展，另一方面又高瞻远瞩，你们就是很好的前车灯。

斯坦福德：是吗？也就是说，我们发挥了很大的作用。谢谢！

9. 技术将急剧改变世界

斯坦福德：技术正在急剧改变世界这个观点，人们往往对其充耳不闻，这点令我很担心。对此，人们会说"以前也有过啊""以前发生过工业革命，也出现了火车以及很多很多东西"等，在我看来这些都是陈词滥调。

但这次不一样，现在正在发生的事情绝不仅仅是对经济发展带来冲击。我个人认为，我们现在所看到的，是人类的又一次进化！据我所知，有这种疯狂想法的人不止我一个。

纵观生命发展的历史，DNA 只是作为数据从一种生物移动到另一种生物。起源于藻类的生命通过生殖、随机转换、结合以及变形而得以存续，并形成生物链。这在现在是很自然的事情，可是，当初的那个数据在人类身体中也存在着。

从地球历史上来看，人类自诞生至今并未经历多长时间。如果将地球诞生至今的 46 亿年当成一天来算的话，从人类诞生到现在的时间也不过就是打个响指那一瞬间而已，短暂得甚至可以说没有任何意义。但是，对我们来说，这就是全部了。这就像，我们的目光被通过车灯看到的范围限制了。在人类能接触的范围内，人类总认为自己最厉害，这就像大猩猩在热带雨林中认为自己是最厉害的；蛤蟆在水池里认为自己是最棒的。

那么，生命最终会走向何方？如果像改变经济一样改变人类，您觉得会出现什么情况？这才是巨大的创造性破坏或崩溃。

关键在于人工智能，是否将进化成一种新"物种"。就像硅谷不断地尝试改革和变化商业模式一样，很多人在挑战，力图改变和创新人工智能。

如果人工智能觉醒后会怎样呢？人类祖先刚刚诞生的时候是什么样子的？当时其他生物应该没有意识到事情的严重性，根本不明白新出现的东西是什么。我们现在也不知道在创造什么，但确实在创造着。依我看，创造已经开始了。

比如，谷歌、脸书、IBM 还有刚才我提到的"卢卡"这种新兴企业，都是创造者。想当年，卢卡公司仅有 6 名俄罗斯工程师，他们在一个小房间里造出了机器人。

我们要考虑的是比经济更大的问题，必须了解自动化、人工智能这些与效率相关的变化会给我们带来多大的冲击。这些变化带来的冲击规模将是全球性的。

10. 人工智能进化带来的社会，
需要新的社会体系

安田：人类社会离不开经济发展，那么照您的意思，如果企业创新力度足够大，那么也自然会发生经济体系的变化吗？

斯坦福德：对，我是那么认为的。

安田：资本主义和市场经济，与人类长期的经济活动相比，是短期内出现的现象。从这种意义上来说，你认为资本主义未来会怎么样？资本主义会因为新技术而改变吗？

斯坦福德：真是个非常有趣的问题啊！不过，您是这个领域的专家，我想您的回答会比我更专业。我就谈谈我的一点拙见吧。

事实证明，资本主义制度是一个非常有效的社会制度，特别是在资本主义繁荣昌盛的年代。但是，资本主义和之前的诸多社会制度一样，绝对不是完美无缺的。虽然已被证实很有效，但并不完美。

现在，全球经济活动正在发生根本性转变：正在从以人类劳动为基础转向高度机械化与自动化。在这个过程中，资本主义的有效性必定会遭到质疑。我不知道最终会怎么样。但是我知道，我们必须保持开放的思想，不能固守传统的经济基础评价方法。衡量成功，不能只看就业率和生产率。

也许会有一天，人类的失业率会接近40%。而且，肯定还会有一天，大多数人认为这很正常，并没什么不好。

但是，如果现在的劳动人口有一半不工作的话，就需要一个不同于现在的社会制度。因为资本主义是以学生或退休人员以外的成人都工作为前提的。如果一半人都不工作，这个社会就需要某种新的社会制度。到底是什么样的社会制度呢？我不知道，但我认为不是社会主义制度。迄今为止，我们尝试过了多种制度，我认为新制度更可能是一种混合型的社会制度。

我们不应该讨论在现有的模式 A 和模式 B 中选择哪一种，而应该探索出一种新的模式 C。换个角度也许就会看到全新的、不一样的景色。即，应该换一种新的想法。

安田：正如您所指出的，在向未来前进的过程中，除了失业率增高的问题外，还会出现一个问题，那就是"不平等"。

斯坦福德：这个问题已经出现了。拥有者和非拥有者之间的巨大差距变得史无前例般明显。而且，我认为情况会变得更糟。当然，社会大众已关注到这个问题。

安田：变糟是因为新的技术变革吗？

斯坦福德：这应该是正的累积效应产生的结果吧？关于网络效应和累积效应，我前面已经说了很多。硅谷也正享受着累积效应带来的好处，即成功产生成功。谷歌、脸书、亚马逊等公司拥有的数据越多，提供的服务也会更好；服务质量提高，用户就会更多；这就是相互促进的作用。

虽然没有规则限制加入，要进去也确实存在障碍和困难。所以，我不知道答案。不过，在力图推进事情向前发展的人面前设置障碍，那也绝对不是答案。那样做看起来或许是条捷径，其实并不是。我们无法减缓这种变化的速度，也不应该去减缓。我们必须承认并接受这种变化，然后再采取行动。

安田：您认为新的技术变革有可能缓解不平等现象吗？说不定来自这个园区的创意和创新就能缓解该现象。

斯坦福德：我认为新的技术变革不会消除差距，但它有可能会使整体水平得到提高。

想想那些中下阶层人们的生活，他们过得比几百年前要好很多：既可以休闲娱乐，又有房可住，也不为吃喝发愁，他们拥有以前的人需要汗流浃背、拼命争取的一切。当然，这里也仍然存在问题，即这个社会制度有不少漏洞。但是，从整体来看，生活方式得到改善了吧？我想今后还会变得更好。

如果发生新的技术变革，服务成本就会下降。这样，人们就能获得之前无法获得的东西。优步就是个不错的例子。请人开着私家车接送客人，这种事情在过去很长一段时间内属于极少部分有钱人的专利，而现在它已成为普通人的出行方式了。"让人开车接送"已经变得极其平常了。

因此，我想，即使技术革新不能消除社会差距，也有可能会使社会整体变得更加便利和富裕。

11. 什么是 "金钱" ？

安田：问您最后一个问题，对您来说，"金钱" 是什么？

斯坦福德：这个问题我也不知怎么回答。也许，问我什么东西最能让人感到满足更好一些。总之，我知道每个人对这个问题的答案都有不同见解。金钱也许是答案之一，也会有很多人，他们生存的意义在于成名。我觉得很多人希望在网上获得别人点赞，也是获得满足的一种方法。脸书和照片墙获得极大成功就是因为这个吧？因为大家都希望被人喜欢。

我想，除了钱以外还应该有别的。比如有一种虚拟货币，它可以把社会所受到的冲击量化，你不觉得这是很有意思的吗？这也许听起来有点像痴人说梦，但如果那种虚拟货币得到了大人物的认可，那么用该 "货币" 给社会带来冲击的人们便会获得回报，那将会很有意思。

人，不就是那样吗？应该有一种创造性的方法，它能

151

创造出某种与金钱不一样的标准，而这种标准会成为人们开始做一件新事情的动力。

安田：谢谢您！

ⓓ 技术的传道者

"硅谷"——一个不知从何时起经常被人们提到的地名。作为世界 IT 产业中心的硅谷，到底是什么样的？对此，我感到毫无头绪。

像从画中走出来似的，英俊帅气且梳着大背头的斯科特·斯坦福德迈着大步、精神抖擞地出现在我们面前。正是这位前高盛公司的投资家和创业家，因投资优步结识了合作伙伴，在硅谷的大门口——美国旧金山创办了自己的投资公司。

他给人的第一印象是举止潇洒、温和。但是，他蓝色眼睛的深处透出一股非同寻常的热情。通过他，我似乎能看到硅谷不断产生"价值"的秘密。

"我们无法阻止、也不应该阻止技术进步。"如果把对他近两个小时的采访浓缩成一句话，那就是这句话。

让生活方式更加简便的新应用程序的开发、完全自动驾驶技术，可以扩展大脑功能的植入设备……通过与他的对话，完全可以想象到，在不久的将来，他所说的那些事情都将变为现实。

安田先生曾私下问："技术能够改变不平等吗？"斯科特马上答道："那不是技术的使命，但是技术可以提高人类的生活水平，事实上也的确如此。"

我曾经想过，说不定连进步这个概念也是幻想吧。但是，看到他一直讲述对于技术革新强烈信念的样子，我不得不认为，现实是凌驾于幻想之上的。

采访最后，我坐上他的爱车——一款特斯拉跑车。在直路上他突然问我："要不要试试'激情驾驶'？"随即触摸了一下中控面板上的加速按键。瞬间，车子悄无声息地突然加速，我眼睁睁看着飞快地向本来在前方很远处的车辆逼近。就在即将撞上的一刹那，他若无其事地踩了下刹车，笑着说："很厉害吧。"

斯坦福德充满自信、积极热情地讲述他对技术的热爱。

我很羡慕他的"成功"，同时对他的天真无邪也感到一丝不安。因为在没有神的时代，技术就是宗教。

对于未来，我虽然感到有些莫名地恐惧，但还是想亲眼看看。这就是我的欲望。

导演　大西隼

第 四 章

"追求增长的资本主义导致了世界的不稳定，

与 GDP 至上主义诀别吧！"

小林喜光

（Yoshimitsu Kobayashi）

2015 年起任现职

经济同友会代表干事、理学博士

三菱化学董事长

2007 年出任三菱化学控股公司社长

有哲人企业家之称

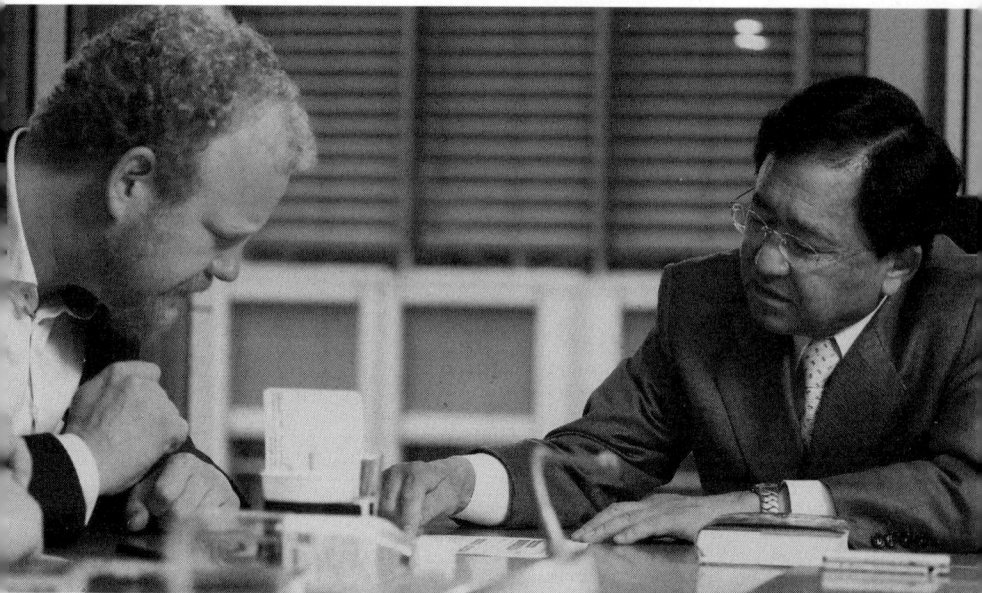

托马斯·赛德拉切克与小林喜光对话

今天，我们即将看到的是：非凡的捷克经济学家托马斯·赛德拉切克与以哲人企业家而闻名的小林喜光，正就完全不同于以往的新经济学展开讨论。

小林喜光（以下简称"小林"）：赛德拉切克先生在《善恶经济学》一书中对"追求增长的资本主义"表示出怀疑态度。对此，我也有同感。2015 年，日本政府曾提出，到 2020 年日本全年 GDP 应达到 600 万亿日元。那么，接下来的目标是否就要达到全年 GDP1000 万亿日元呢？这种以 GDP 的无限增长为前提的讨论，令我感到很别扭。

赛德拉切克：与其说你我生活在资本主义社会中，不如说是生活在一味追求增长的资本主义社会中。在这本书中，我对这种情况表达了担忧。读哲学书是我每天的必备工作，我一直想写一本跨经济学和哲学等其他学科领域的书。我希望这本书的内容能让那些对经济学感兴趣的朋友感受到身边的哲学以及历史学、人类学等。

1. 现代经济的增长是靠债务支撑的

小林：这本书从《吉尔伽美什史诗》开始，围绕两河流域文明、基督教文化来把握历史和理念，这点非常巧妙。在远古时代，时间属于神，因此人们禁止在借款上附加以时间为单位的利息。书中这个论述，我认为很有道理。讽刺的是，恰巧日本最近开始实行负利率政策。

赛德拉切克：我认为负利率是一种不切合实际情况的、不合理的东西。也许政府以为通过财政政策和金融政策这两剂猛药，就可以随心所欲地控制经济。那是绝对不可能的。

小林：我印象最深的是，您在书中指出，如果把GDP的"国内"（domestic）换作"债务"（debt），那GDP不就是"债务生产总量"（Gross Debt Product）吗？

如果靠举债来增加财政投入，GDP增加的同时债务也会增加。靠财政政策和金融政策这两剂猛药来刺激经济，一定不会取得持续性的效果。应该停止过去得过且过的做法，用百年大计来考虑国家经济。这是我从中受到的启发。

赛德拉切克：20 世纪，凯恩斯倡导用金融政策和财政政策来刺激经济。针对这一观点，大家从一开始就有各种不同意见，其中有一条意见就是认为经济很可能会患上"刺激药物依赖症"。现在，连作为刺激药的有效政策都找不到了。

小林：在发达国家，实体经济方面已没有多大发展空间。如果还要开拓发展空间，我认为应该去网络空间寻求。也许，现在已经到了不再为了获得物质的满足，而是必须追求精神幸福的时候了。

赛德拉切克：经济越来越抽象，人的欲望也逐渐从现实世界转向虚拟世界。

我的童年是在捷克斯洛伐克度过的。那时候，东西根本无法满足需求。而现在的经济却有需求不足和供给过剩两方面并存的问题。

小林：也许可以说供给过剩是 21 世纪的经济特征之一。那么，把 GDP 作为唯一尺度，一味追求 GDP 最大化的经济形式是不是错了呢？

赛德拉切克：如果仅凭一个指标来衡量经济运行状况，就会出现决策失误，经济必然会不稳定。譬如，车的好坏不能只看最快速度。如果一味追求 GDP 增长，陷入持续增长的资本主义陷阱，就会导致国家财政破产，遭受与希腊相同的命运。

现代经济使用的是通过牺牲稳定创造增长的经济体系，其实潜藏着瞬间崩溃的危险。我认为现在应该做的是重视经济的稳定。我不反对经济增长，如果环境好的话，追求经济增长也无可厚非。不过，不可能总是晴空万里。在雷曼事件出现之前，美国经济获得了极大的发展，但最终迎接它的是极速撞墙式的崩溃。

小林：您是说，最理想的是消除债务，一点一滴地稳定增长，对吗？

赛德拉切克：是的。如果有人指着在银行借了 100 万日元的我说："你是有钱人了！"那简直太荒谬了。尽管如此，国家负债实现 GDP 增长 3%，还有许多人鼓掌，这也太滑稽了吧？为了抢救生命，医生可以使用刺激类药物，这没有问题，但是运动员就不能用它来提高竞技能力。今天许多国家为振兴经济做着与服用兴奋剂同样的事却不足为怪，这太不可思议了。

2. 人工智能时代需要新的经济学

　　小林：扩大债务很可能再次导致雷曼事件那样的事态发生，在可持续性上存在危险，这点我很赞同。那么，怎样才能摆脱对刺激药物的依赖呢？

　　赛德拉切克：许多国家已陷入靠持续借债来偿还债务的依赖症患者模式。政府不会生钱，自然就不应该负债。所以我认为，保持税金平衡、不高不低也很重要，不能像现在这样，世界各国争相降低税率。

　　小林：有一种观点认为，虽然日本整个国家已背负巨大的债务，但因为国民家庭总资产大于国家债务，所以总量不是赤字。

　　赛德拉切克：即便如此，我也不会尊敬那些不设法平衡年收支预算，只想以低税金博得人气的政治家们。

　　小林：除了负债，技术发展也会带来经济增长。我们看到，技术无疑给人们带来了很大实惠。但值得注意的是，现在代替人类身体的机器人工学和模拟人脑功能的人工智能技术都得到了发展。

161

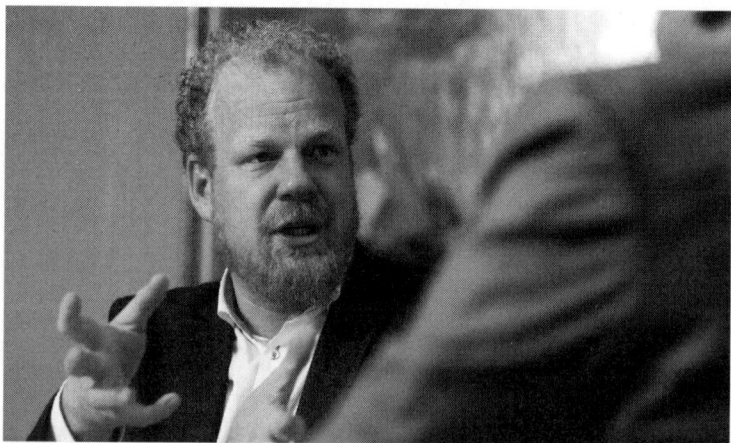

赛德拉切克与小林喜光辩论

这些被称作第四次产业革命的技术和社会体系变革，将会带来一个崭新的时代。我觉得这个时代需要一种与此前完全不同的经济学。

赛德拉切克：恐怕人类已经开始向虚拟世界大转移了。IT 世界有云的概念。其实，早在几百年或几千年前人类已经认为云层上面有个世界叫天堂。那个世界里虽然生产不了物理性的东西，但可以满足我们的各种欲望吧？

小林：要衡量经济总量，就必须计算虚数部分。也就是说，经济总量（z）可以用"z = a+bi"这样的复数式表示。

赛德拉切克：你的想法非常有趣。技术，带来了互联网空间这个虚拟现实。在技术领域里发生过 IBM、微软、谷歌三大巨头的竞争。有趣的是，虽然同为带来虚拟现实的技术，但其产品各不相同。IBM 制造的是计算机这种物理性的东西；微软制造的是能让所有人简单操作的计算机软件，虽然软件是系统，不是具体物质，但它可以复制到 CD 等存储设备上，然后装入盒子中进行买卖；谷歌制造的是能让人自由来往于虚拟现实世界的搜索引擎。当然，它已经不能装进盒子进行售卖，已是完完全全的"虚拟产品"了。

正如您所指出的，网络空间在不同于我们这个现实世界的虚拟世界里，给正遭受着需求不足困扰的我们带来了新的需求。曾几何时，人类的财富只限于物质的富足，由于互联网的出现，非物质的、抽象意义上的财富也随之产生了。

小林：不过，四五十年以后，当人工智能迎来超过人类能力这个特异点的时候，我们将面临非常严重的问题：人是什么，什么又能称为幸福？

赛德拉切克：虽然我们很多人都担心人工智能可能会给人类带来危害，但既然不能停止上网和使用 IT，我们就没有办法阻止人工智能。这就跟明明知道负债仍然不断借债一样，这是人的本性。

3. 日本自古就有的重视"共有地"精神

小林：您的书名叫《善恶经济学》，那么在经济学中，什么是善？什么是恶？

赛德拉切克：主流经济学家们一直主张，经济学是一门无所谓善恶的、中立的、数字领域的学问。但是我认为，经济学有意识形态，有正面影响也有负面影响，绝对不是中立的。

小林：马克思主义经济学便属于一种意识形态。但近来与物理学一样，处理反映客观事实的算式以及统计数字的计量经济学正在大行其道。

赛德拉切克：我的书中没有出现一个公式，我认为只用公式来思考事物有失偏颇。就像亚当·斯密同时著有伦理方面的《道德情操论》和财富方面的《国富论》一样，应该保持定性和定量两方面的平衡。

小林：为了保持企业稳定，我想出了一个牢记三条轴的经营模式。三条轴分别是 ROE（自己资本利润率）与提高资本效率的 X 轴、革新创造的 Y 轴、削减二氧化碳等环境保护与社会贡献的 Z 轴。

考虑国家价值，也不应该只看 GDP 增长这条 X 轴，应该看包括创新性的科学技术和社会体系及环境与可持续性在内的三条轴。

赛德拉切克：公司也一样，如果只追求增加利润，就无法发展下去。如果要从社会这个公有地获取利润，就有责任做到充分考虑环境、文化等各种因素之后再行动。

小林：现在的 GDP 本来就存在很多课题。譬如，现在的移动终端与 20 世纪 70 年代昂贵的计算机相比，性能绝对好很多。然而作为 GDP，只有区区几万日元，另外一部分网上交易还不被算在内。

赛德拉切克：GDP 本来就不该是用来衡量国家财富的，而是用来衡量经济活动的。在托尔金的小说《魔戒》中精灵们居住的地方瑞文戴尔，那里只继承不创造。换句话说，就是零增长。可是，他们富饶的生存环境使人向往。也就是说，富裕与 GDP 无关。这里是不是有值得我们学习的地方呢？

小林：日本有一种叫"三得利"的近江商人经营理念，即卖方得利、买方得利、社会得利。这是一种不单纯追求自己赚钱，同时重视"共有地"的哲学。

与赢者通吃观念根深蒂固的西方和中东国家不同，在狭小的土地上种植稻子进入农耕社会的日本，厌恶"村八分"的制裁措施，凡事都习惯共同分担。虽然没有突出的人，但和睦相处的亚里士多德式观念很强。但是，自100多年前西方文明进入以来，日本也深受发展意识形态的影响。

赛德拉切克：就像该隐杀害了亚伯一样，从《圣经》时代开始，由于粗暴，人类失去了温和而富有成果的文化。只是我们已经渐渐感受不到物质性经济增长的魅力了，现在正处于一个需要新的意识形态和信仰的时期。

小林：让我们看到这种新动向的，应该是被称作数字原生代的美国千禧一代吧？对了，今天日本的年轻人好像对汽车和物质也不感兴趣了。

赛德拉切克：没错，现在出现了一种有悖常理的情况，新技术本应是帮助人们工作的，现在反倒使人们更忙了。手机就是个典型的例子吧？技术的确有很多优点，可是，究竟是不是让人们生活富裕了呢，目前还存在疑问。说不定也只是徒增了人们对它的单纯依赖吧。

4. 要敢于正视经济低增长的现实

赛德拉切克：关于善与恶的问题我认为，与其说善上恶下，不如说善恶是平等的。因为，恶之所以存在，是因为有它作为恶的作用。如果有人问世间为什么会有恶？相信一定会有人回答说，为了让世界变得更有趣。

小林：就是说，要编写经济图书，在书中加入恶也是必不可少的吗？

赛德拉切克：记得吗？以前有部电影叫《黑客帝国》。在电影中，人类作为电池被连接在机器上，展现在他们面前的是一个虚拟的世界。由于一开始电影里已创造出一个没有邪恶、没有疾病的乐园，结果反而导致人类堕落，黑客帝国坍塌。虽然人们渴望去乐园，一旦去了乐园又想逃走。

小林：的确，乐园里的生活很无聊、很难熬。说到底，人们还是愿意追求刺激吧。

赛德拉切克：日本这个国家很富裕，可经济其实早已停止了增长。这究竟是不是个坏消息呢？我觉得，现在这种情况应该欢呼才对，因为日本的资本主义已经触到了天花板，没什么可发展的了。

小林：虽说如此，由于人口老龄化，导致社会保障费不断增加，这个问题必须想办法解决。另外，日本背负GDP两倍以上国家债务，这个也必须偿还。而且不增加GDP，问题就很难解决，这也是事实。

赛德拉切克：我想起有一个讽刺资本主义的寓言故事：有个养牛人靠挤牛奶为生，突然有一天，牛却挤不出来奶了。养牛人便使劲痛打牛，逼牛快点儿产奶。牛回答说："我把所有的奶都给你了。可是，装奶的桶漏了，奶放坏了，奶白白浪费了，你怎么能怪我呢？"

如何很好地使用挤出的牛奶不是牛的问题，而是我们的问题。同样，解决老龄化问题的不是靠资本主义，而要靠我们自己知道吗？而且，资本主义经济危机的发生原因，不在于我们从资本主义得不到东西了，而在于我们得到的太多。

后　记

什么是"欲望"？一个没有休止的问题

资本主义到底是什么？现在，我们生活在怎样的世界里？从资本主义开始确立的那天、那时起，规则改变了吗？

是的，到底该以哪里为起点？虽然这是个学术上争论颇多的话题，但如果把时间产生新价值这个巨大发明——"利率"作为一个开端来考虑的话，那么14世纪佛罗伦萨的商人们的狡猾点子也许就是这个我们要找的起点。那不是单纯的交换，而是利用时间产生财富的奇迹。从此，资本主义被认作是一种在时间和空间中有力奔跑的运动模式，继而跨越了各种各样的障碍。

在重商主义、产业资本主义、后产业资本主义以及IT金融资本主义等这些推动经济活动的主角、原动力不断变化的过程中，社会形态正在发生微妙的变化，进而支撑人们欲望的情绪、心理状态也开始发生变化。赛德拉切克在书中提到过"凯恩斯选美投票"是象征大众社会到来的隐喻。如果说这是对 20 世纪上半叶经济学领域产生的大众消费社会的考察总结，那么，20 世纪下半叶在文化人类学领域也出现了一个很有意思的概念，那就是勒内·基拉尔的三角欲望理论，即人的欲望是由他者引起的，他者扮演欲望介体的角色。这时，他人就变成了欲求的对手。这个主体和他人及欲望对象的关系就如同"三角形"一般。因此似乎我们可以说，在信息化迅猛发展的现代社会中，无数三角形的增殖才是资本主义的原动力，这不免令人感到有些可怕。

实际上，在富裕国家或者是大众消费得到普及的国家，社交软件的流行使欲望得以扩散的现象越来越普遍。20 世纪下半叶，基拉尔倡导这一概念的时候简直无法与之相比。"欲求"什么？自己希望得到什么？欲望的形状错综复杂。

"欲望资本主义"这个节目最初策划时，我们想到的临时标题是"欲望的源头"，并以此向好莱坞电影《盗梦空间》致敬。当然了，荧屏中的故事在现实中是不可能发生的，确切说正因为它成就了一个大胆的思考实验，反而才更真实地接近当今时代。我们当时也想通过这个节目、这个题材体验一下这种感觉。

"Inception"一词的本意是"开端"，引申的话也有"植入"的意思。电影中特工队员便是进入他人梦境，从他人的潜意识中盗取机密，并巧妙地进行"植入"。那个过程中显现的是，现在我们自以为亲眼看到的世界也许只是幻想的产物。也许资本主义的欲望就是"黑客帝国"，就是"庄周梦蝶"。也许我们看到的只是别人想要我们看的，也有些东西是不能让我们看到的。因此真不知道，到底哪个才是真实的。

有一种说法认为，人类原本就是热爱破坏的生物。确实，如果一味听从本能，就会做出一些没必要做的蠢事，就会为所欲为，这就是人的本性。而文化恰巧填补了人类本能的缺失。可是，今天文化也在逐渐失去规范，各种怪异符号在大肆泛滥，人类已渐渐迷失自己，相信亚当和夏娃的悲惨故事将不断流转轮回。故事是否就此结束，这应该还掌握在我们自己手中，取决于我们的意识。

可能有人会批评我有些妄想过度吧？但是，即使是正统经济学家，不也曾经都是"妄想家"吗？事实上，凯恩斯、熊彼特这些继承了"古典经济学之父"亚当·斯密的理念，与时代潮流搏击的伟人们，如果让我简略概括一下的话，他们无非是通过解读无法用"理性"的"稳定状态"进行解释的人的深层心理状态，来提出一个个大胆的"假设"。比如，凯恩斯就是将人们对货币的期待之情公式化为"流动性偏好"这一概念；熊彼特则将企业家们竞相研发的想法加以理论升华，用"创新"这一概念表达企业家们希望在竞争中寻求更多财富的原动力是什么。

而本节目所说的"欲望"本身其实就是麻烦的化身，而它无疑会动摇资本主义的根基。

"欲望"，即人类社会中各种各样的想法缠绕交织在一起的表现。如果把"欲望"这种感情的面纱剥下一层，就会看到羡慕、嫉妒、贪婪……有时背后还会有形状复杂的沉淀物在蠕动。就像在沙漠中看到一杯水时，产生的不会只有出于维持生命本能的欲望而已。让我们来听听，20世纪另一位在当时日渐复杂的社会中，坚持研究人们内心的智者怎么说吧。

梅兰妮·克莱茵，是一位法国精神分析学家，赛德拉切克在节目中也曾提到。她给欲望相关的几个概念"嫉羡""嫉妒"和"贪婪"定义如下：

嫉羡，是一种愤怒且恐惧的感觉，即感到另一个人占有并享受着某种可欲望的东西——嫉羡的冲动便在于抢走它或是损毁它。此外，嫉羡意味着主体只跟一个人有关系，并且追溯到最早与母亲的排他关系。嫉妒，是以嫉羡为基础，但是涉及一种跟至少两个人的关系，它主要关涉的是主体感到自己应得的爱被他的对手从他那里夺走了，或是处在被夺走的危险之中。贪婪是一种冲动性的、贪得无厌的强烈欲望，远超出主体的需要和客体能够且愿望给予的东西。

（引自《嫉羡和感恩》一书第十章。）

　　我知道，将这些复杂的感情进行抽象，在市场上将一个苹果、一根香蕉当作"欲望"，将其作为第一需求进行公式化，是当代科学的证明方法。但是，在这个看似保证社会框架稳定的价值观开始变得不稳定时，如果再没有一种能够考虑到"欲望"存在继而进行解释的经济学，是很麻烦的。如在经济学领域，索尔斯坦·凡勃伦曾提出的，有产阶级极力炫耀自己财力的"炫耀性消费"就非常经典。而且我也知道，近年来在行动经济学领域，为了修改"理性经济人"这个前提条件也进行了各种各样的尝试。

　　但是，现在有必要再次认真思考一下，以前没有深刻意识到的"当代""经济学"这些固定词语都是什么意思。也就是说，是不是有必要再仔细斟酌一下，"当代"，而且是合乎日本式逻辑的"当代"的意思的适用范围呢？前面也提到了基拉尔的三角欲望，但在 21 世纪，世界的价值观在被分割成多重多样的情况下，似乎正以奇妙的形式，努力开启一个崭新的时代。

顺便提一下，据说克莱茵是着眼于其根源——破坏性的性格，将"羡慕"的本质定为"越是好的东西就越想破坏"。而且她还主张说，人类内心最深处蕴藏的感情就是"羡慕"。

写到这里我突然觉得有点可怕。在大众消费社会，尤其是社交网络服务（SNS）空间进一步扩大的网络型大众消费社会中，"羡慕"这种欲望愈演愈烈。在此，我想到近年来出现的各种现象，想到在我们身边蔓延的渴望承认之风，甚至有人采取自杀式爆炸袭击一类的举动来寻求关注。我这样联想是不是有些妄想过度呢？不管怎样，我都不希望听到，我们以后要拍摄"充满羡慕的资本主义"这样一部访谈似的黑色幽默。

最后，我要对参加演出的各位及参与这个节目策划的各位表示感谢！尤其是在这么深刻的问题上与我们产生了极大的共鸣，并担任节目主持人的安田洋祐先生；对于我们不断提出的，诸如"什么是金钱""什么是资本主义"这种通俗化的文明论式问题，爽快地给予了回答的斯蒂格利茨先生、赛德拉切克先生、斯坦福德先生；成功地将高度抽象的题材完美展现出来的大西隼导演、高桥才也先生；将节目内容整理成书籍过程中，坚持不懈地支持我们到最后的编辑矢作知子女士。谨在此向他们表示由衷的感谢。

"我想得到我想要的。"

这是日本处于泡沫经济顶峰时期，系井重里写的广告词。那是在极度富有时发出的任性声音吗？或者说是懂得知足的人类语言？还是像基拉尔的欲望三角一样，欲求别人欲求之物的那种循环？也许，正因它漫射出的各种意义，正因为它可以让人们随意想象，所以才作为广告语而大获成功了吧？时至今日，已经过去了30年。

欲望不会消失。如果没有了欲望，一切就结束了。人们将在这种矛盾心理中继续挣扎，社会也将从这样的激流旋涡中不断产生新的社会制度。可是，人们也需要时而停下脚步，认真审视一下自己的内心深处。

什么是欲望？什么是资本主义？问题不会结束。

NEP 株式会社制作本部节目开发、总制作人
丸山俊一

THE
THEORY
OF
MORAL SENTIMENTS:
OR,
An ESSAY towards an Analysis of the Principles
which Men naturally judge concerning the Condu
and Character, first of their Neighbours, and
afterwards of themselves.

TO WHICH IS ADDED,

the Origin of Langu

《道德情操论》原书书影

英国格拉斯哥大学的亚当·斯密雕像

浙江人民出版社"财知道"系列丛书

之

《欲望资本主义》

本书同名电视节目正由日本 NHK 电视台在黄金时段播出

全面揭示欲望滋生欲望的资本主义

欲望资本主义 5：经济危机的本质

即将出版！

图书在版编目（CIP）数据

欲望资本主义 . 1 /（日）丸山俊一，日本 NHK "欲望
资本主义"制作组著；袁志海，范婧译 . — 杭州：浙江人
民出版社，2022.2

ISBN 978-7-213-10315-5

Ⅰ . ①欲⋯　Ⅱ . ①丸⋯ ②日⋯ ③袁⋯ ④范⋯　Ⅲ .
①资本主义经济 – 研究　Ⅳ . ① F03

中国版本图书馆 CIP 数据核字（2021）第 265559 号

欲望资本主义 1

[日] 丸山俊一　日本 NHK "欲望资本主义"制作组 著　袁志海　范　婧 译

出版发行：浙江人民出版社（杭州市体育场路 347 号　邮编：310006）
市场部电话：(0571) 85061682　85176516

责任编辑：陈 源 李 楠

营销编辑：陈雯怡　赵　娜　陈芊如

责任校对：戴文英

责任印务：刘彭年

封面设计：异一设计

电脑制版：北京尚艺空间文化传播有限公司

印　　刷：杭州丰源印刷有限公司

开　　本：880 毫米 ×1230 毫米　1/32　　印　　张：6

字　　数：105 千字

版　　次：2022 年 2 月第 1 版　　　　印　　次：2022 年 2 月第 1 次印刷

书　　号：ISBN 978-7-213-10315-5

定　　价：45.00 元

如发现印装质量问题，影响阅读，请与市场部联系调换。